BONAPARTE
KAROLUS

監修者——木村靖二／岸本美緒／小松久男／佐藤次高

［カバー表写真］
アントワーヌ＝ジャン・グロ「アルコレ橋のボナパルト将軍」
（ルーヴル美術館）

［カバー裏写真］
ジャック＝ルイ・ダヴィド「戴冠式」（1805〜07年）
（ルーヴル美術館）

［扉写真］
ジャック＝ルイ・ダヴィド「グラン＝サン＝ベルナール峠を越えるボナパルト」（1801年）
（ヴェルサイユ宮殿）

世界史リブレット人62

ナポレオン

英雄か独裁者か

Uegaki Yutaka
上垣 豊

目次

英雄か独裁者か――ナポレオンの実像を求めて

ナポレオン・ボナパルト(一七六九〜一八二一、在位一八〇四〜一四、一五)はおそらく日本人にもっとも馴染みがあり、人気がある英雄の一人であろう。ダヴィド▲の描いたナポレオンの肖像や戴冠式の絵を高校の教科書で見た人は多いに違いない。コルシカ島生まれの無名の若者が革命でゆれるフランスのなかで栄光を手にし、皇帝となり、一時はヨーロッパ大陸を支配するまでになるが、野望のはてにヨーロッパ全体を敵にまわして最後は没落し、悲劇の英雄となる。数々の歴史に残る戦いのほかに、妻となるジョゼフィーヌ(一七頁参照)や他の愛人との恋物語もあるし、外務大臣タレーラン(二四頁参照)や警察大臣フーシエ(二七頁参照)といった個性の強いわき役との駆け引きも見逃せない。実際に

▼**ジャック＝ルイ・ダヴィド**(一七四八〜一八二五)　新古典派の画家。フランス革命期の重要事件を画題にして革命を称揚した。ナポレオンとその将軍、帝政貴族の肖像画を多く残している。王政復古でルイ十八世がもどるとブリュッセルに亡命した。

起こった出来事としてはあまりにも劇的過ぎて現実離れしており、正直なところ、歴史研究者の手にあまる存在である。

ナポレオン自身が書いた大量の書簡、同時代の人物の手になる回想録、文学者、伝記作者が紡ぎだした膨大な文献、絵画、映画によってナポレオンの実像は見えにくくなっており、神話と歴史を区別するのは容易ではない。今日でも文学者や小説家が書いたナポレオンに関する読み物が多く出版され、人気も高い。だが、その多くは、歴史的背景を抜きにしてナポレオンの人物像を描こうとしているため英雄賛美に陥りがちである。これに対して、第一帝政の歴史研究は一般読者の間では評判があまりよくない。

ナポレオンの伝記的研究そのものは、ナポレオン没後から続々と生み出されてきた。そのなかには現在でも歴史家に評価され、引用されるものもある。だが、ナポレオンはフランスの大学の歴史研究から長い間、敬遠されてきた。フランスで実証的な歴史研究がおこなわれるようになるのは、十九世紀末のことであるが、大学の近代史研究者は一般に左派か中道左派に属し、フランス革命を擁護し、独裁者とされたナポレオンに対しては批判的であった。一九六〇年

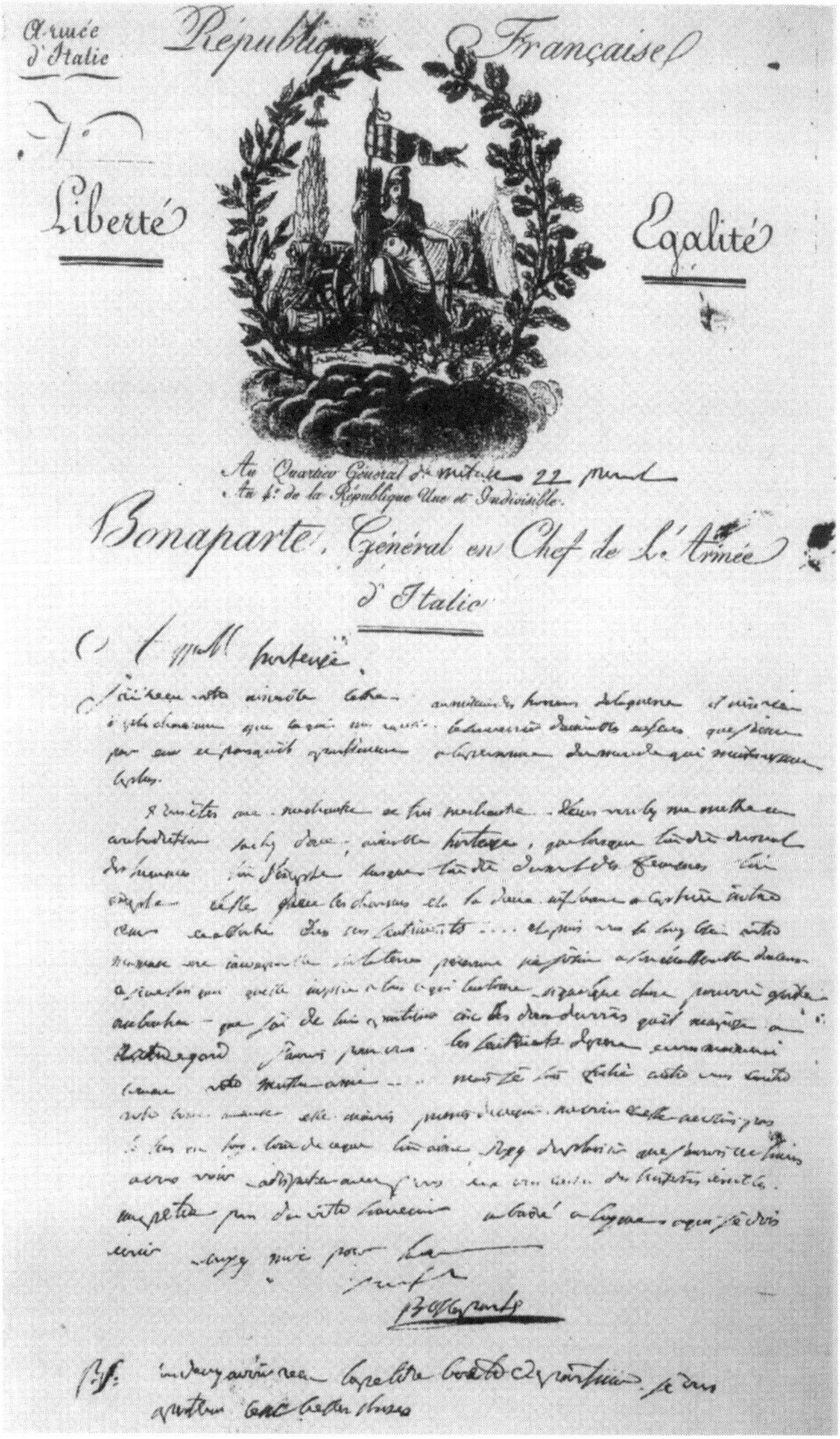
Armée d'Italie

République Française

Liberté

Égalité

Au Quartier Général de

An 4e de la République Une et Indivisible.

Bonaparte, Général en Chef de l'Armée d'Italie

●――ナポレオンから義理の娘のオルタンスにあてた自筆の書簡（一七九六年六月十日付）

代にチュラール▲があらわれるまで、この時代を専門にした歴史の正教授はほとんどいなかったし、この時代をあつかった学位論文は多くなかった。これは日本でも同じでフランス革命史研究の優れた伝統はあっても、ナポレオン時代の歴史研究はずっと少ない。

だが、ここ数十年のうちにナポレオン時代の政治、行政、社会のさまざまな側面が明らかにされてきた。エリート、名望家研究に続き、官僚機構など統治制度、宗教、教育、ヨーロッパ国際関係の研究、大西洋貿易の研究などで成果があがっている。同時に、ナポレオン神話、伝説の研究も盛んで、その一部は邦訳されている。日本では歴史家の手になる伝記は本池立によるものが唯一といってもいいものであるが、ボナパルティズム研究やナポレオン神話、伝説の研究、そして宗教や教育の分野でも新しい解明がおこなわれている。

歴史研究では、第一に、軍事的な成功の面よりもむしろ、革命によって大きく変貌したフランスに、短期間のうちに長続きする安定した社会制度をもたらした点が評価され、統治者としてのナポレオンの卓抜な能力があらためて再認識されている。そのなかでナポレオンの政治を独裁政治としてかたづけるべき

▼**ジャン・チュラール**(一九三二〜)『アンチ・ナポレオン、皇帝の暗黒伝説』(一九六四)、『ナポレオン、あるいは救世主神話』(一九八七)など著書多数。ソルボンヌ大学教授を経て、現在はフランス学士院会員。

かどうかも議論されている。

第二に、第二次世界大戦後、さらに冷戦後のヨーロッパ統合・再編との関連で、ナポレオン時代のヨーロッパが論じられ、イタリア統一、ドイツ統一にはたした役割が再検討されている。フランス革命期とナポレオンの戦争をつうじて、ヨーロッパの地図は大きく塗り替えられた。ナポレオンはいわば近代ヨーロッパの産婆役であったのである。

第三に、ナポレオン神話、英雄崇拝の問題である。ナポレオンは宣伝上手で、自らを神話化させることに長けていた。死後、ナポレオン神話はいっそう光を放ち、歴史をも実際に動かしたのである。どのようにして英雄が生み出されていくのか、神話がどのように歴史に作用をおよぼすのかを学ぶうえでも、ナポレオンは興味深い対象である。

①—コルシカとフランスの間で

コルシカ島

　ナポレオンが歴史の舞台に踊り出てきた歴史的背景を簡単にふりかえってみよう。ナポレオンは地中海の小島コルシカ島の出身であり、フランスがコルシカ島を占領し、征服した一七六九年に生まれている。やがて大陸を制覇することになるナポレオン自身が絶対王政期以来のフランスの領土拡大の歴史の産物であったのである。その妻、ジョゼフィーヌはカリブ海に浮かぶマルチニック島出身のクレオール(植民地生まれの白人)であり、夫婦ともフランスの周辺部で生まれていることは興味深い。

　十三世紀以来、コルシカ島はイタリアの海港都市ジェノヴァの領土であった。ジェノヴァは十五世紀半ば以降のオスマン帝国の進出や十八世紀のイギリス・フランスの大西洋貿易の発展におされて、往時の繁栄を失っていた。こういうなかでコルシカ島は、パオリを指導者に独立運動を起こし、一七五五年に憲法を採択し、政府を樹立した。パオリらの改革思想はルソーらの注目を惹くまで

▼マルチニック島　カリブ海に浮かぶ島。一六三五年にフランスが植民地化し、黒人奴隷を使役してタバコやサトウキビ栽培がおこなわれた。一七九四年から一八〇二年のアミアンの講和までの間、イギリスに占領されていた。現在はフランス海外県のひとつ。

▼ジェノヴァ　十一世紀に自治都市となり、十三世紀には地中海貿易での覇権をめぐってヴェネツィアと争うほど貿易都市として発展していたが、十七世紀にはフランス・サヴォワ連合軍の侵略を受け衰退が始まっていた。

▼バスクアーレ・パオリ(一七二五〜一八〇七)　コルシカ独立運動の指導者。パオリの指導のもと、一七五五年にコルシカ島は事実上の独立を達成した。一七六九年にイギリスに亡命し、一七九〇年にコルシカ島にもどるものの、九五年にイギリスにふたたび亡命した。

になっていた。コルシカ島の反乱に手を焼いたジェノヴァは一七六八年五月十五日のヴェルサイユ条約によってフランスに島を割譲し、翌年、フランス軍が島に上陸した。独立派は戦いに敗北し、指導者パオリは五月にイギリスに亡命を余儀なくされた。その三カ月後、八月十五日にナポレオンはコルシカ島の有力貴族、ボナパルト家の次男として生まれている。

　ボナパルト家はイタリアのトスカーナ地方の家門の出であるといわれ、十七世紀初めにはコルシカ島のアジャクシオの長老会議のメンバーであった。ボナパルト家は、大陸の水準からみれば小貴族にすぎないが、島のなかではもっとも裕福な家のひとつであった。ナポレオンの父カルロ▲はパオリ派に属してフランス軍と戦ったが、フランス軍に帰順したのち、フランス政府に協力し、様々な便宜をえている。母レティツィアとカルロとの間には一二人の子どもが生まれたが、大きくなったのはそのうち八人にすぎない。兄弟のなかでは、一つ年上の兄ジュゼッペ（フランス語表記ではジョゼフ、六二頁参照）、弟のルチアーノ（同様にリュシアン、一四頁参照）が政治家として重要な役割をはたすことになる。

　ここからわかるようにナポレオンは生粋のフランス人とはいえない。彼には

▼ジャン＝ジャック・ルソー（一七一二〜七八）　ジュネーヴで生まれ、フランスで活躍した啓蒙思想家。主著に『社会契約論』『エミール』など。パオリと親しいコルシカ人の依頼を受けて『コルシカ憲法草案』（一七六三）を起草した。フランス革命の指導者、ロベスピエールに影響を与えた。

▼カルロ・ブオナパルテ（一七四六〜八五）　一八歳の時、当時一四歳であったレティツィアと結婚。フランスに帰順後は、コルシカ島総督に庇護され、コルシカ三部会貴族部会代議員になるなど栄達したが、三人の息子がまだ在学中に死去。

しばしば「外国人」という非難の言葉が投げかけられたが、理由のあることであった。名前のもともとの表記もNapoleone Buonaparte（ナポレオーネ・ブオナパルテ）であり、Napoléon Bonaparte（ナポレオン・ボナパルト）と名乗るようになったのは、フランス革命以後のことである。権力の座についてからもナポレオンの書くフランス語は正確さを欠き、しばしばイタリア語的な表記がまじっていた。「ナポレオーネ」は当時としてはめずらしい名前であり、アレクサンドリアの聖人の名前に由来しているという説があるが、詳しいことはわかっていない。

ブリエンヌ兵学校

フランスは、有能な軍の指揮者や軍事技術に秀でた人材の育成のため一七五一年に、科学的知識を身につけた軍人養成を目的にパリに士官学校▲を設立した。さらに七年戦争▲でイギリスに敗北したあと、既存の中等教育施設（コレージュ）を一二校選んで兵学校と指定し、パリ士官学校のいわば幼年学校にした。ナポレオンが一七七九年、九歳の時に入学したブリエンヌ兵学校▲はそうした学校の

▼パリ士官学校　プロイセンやロシアの例にならって設立された。現在パリにあるエコール・ミリテールの建物はその時に建設されたもの。一七八七年に閉校。

▼七年戦争（一七五六〜六三）　イギリスの援助を受けたプロイセンと、フランス・スペイン・ロシアなどを味方につけたオーストリア陣営との戦い。海外植民地の戦いではイギリスがフランスを破ってカナダなどを獲得し、フランスはインドから撤退した。

▼ブリエンヌ兵学校　ブリエンヌはパリの南東二〇〇キロにある、シャンパーニュ地方の小村。元は修道会経営の学校で、兵学校となってからも修道士が教えた。フランス語・フランス文学、ラテン語、歴史、地理などの普通科目とともに、製図、フェンシング、馬術が教科になっていた。

●—ナポレオン関連のヨーロッパ地図

〔出典〕*Le Grand Atlas Napoléon*, Éditions Atlas, Issy-les-Moulineaux, 2002, p.12.

●—コルシカ島のナポレオンの生家

ひとつであった。入学できたのは、父がヴェルサイユ宮廷まで出かけて奔走してえた奨学金のおかげであった。ブリエンヌ時代のナポレオンは、コルシカ人としての誇り高さも災いして、他の生徒から孤立し、鬱気味であった。一七八四年十月にはパリ士官学校に入学したが、父の急死もあって、わずか一年後に卒業している。ナポレオンは理系の教科で才能を示したが、卒業時の席次は五八名中四二番目と芳しくなかった。だが、辺境の島の出身というハンディキャップ、他の生徒からの孤立、父の急死によって卒業を早めねばならなかった事情も考慮しなければならないだろう。父の死後は鬱症状が募り、自殺を考えたほどであったという。

一七八五年十一月に、本土の士官学校を卒業した最初のコルシカ島出身の砲兵将校として、ヴァランスにあるラ・フェール砲兵連隊に着任した。駐屯地での生活は無味乾燥で、当時のナポレオンは読書と執筆でその憂さを晴らしていた。教育を受けた当時の若者の多くと同様に、ナポレオンは啓蒙思想に感化されたが、なかでもルソーの影響が認められる。ルソーと同様にコルシカ島独立を支持したレナールもナポレオンが師とあおいだ思想家であった。駐屯生活時代にいくつも手記を書き残しているが、その一つ、『コルシカ史』のなかでは、フランスによるコルシカ島占領が厳しく批判されていた。コルシカ独立運動の指導者パオリは彼にとって英雄であった。一七八六年には休暇をとって、出世頭の若者として、八年ぶりに帰郷している。

コルシカ島での挫折

一七八九年にフランス革命が起こると、八月に、ナポレオンは他の将校と同様に新体制に忠誠の宣誓をしたが、休暇願いを出して三度にわたり(革命前を含めれば五回)故郷コルシカ島にもどっている。ナポレオンはフランス革命を歓迎したが、事実上の家長として家族を支える必要があったし、コルシカの運命も気にかかっていたのである。

最初のコルシカ島滞在は一七八九年九月から九一年一月末までである。アンシャン・レジーム期に島を支配していた支配層は、フランス領にとどまることを選択したが、封建制の廃棄など社会の根本的変革には積極的ではなかった。コルシカ島の住民が革命派と王党派に分かれて対立を深めるなか、故郷にもどったナポレオンは革命派に加わることになった。フランスの憲法制定国民議会は一七八九年十一月三十日、コルシカ島はフランスの「不可欠な部分」であると宣言し、十二月にコルシカ県が設置された。一七九〇年七月十七日、そこにパオリがイギリスからもどってきて、九月にはコルシカ県行政府首長に選出された。パオリの帰還でコルシカ独立の問題が再浮上した。イギリスへの島の併合を企んでいるとパオリを王党派が非難し、島の世論は二分されることになったのである。この段階ではまだパオリを崇拝していたナポレオンは、本土に帰ってからパンフレットを執筆してパオリ擁護の論陣をはっている。

ナポレオンは一七九一年九月にふたたびコルシカ島にあらわれた。ナポレオンがいない間に島では聖職者民事基本法▲(一七九〇)をきっかけに、反フランス感情が高まっていた。翌年四月にナポレオンは、激しい派閥抗争に勝ってアジャクシオ国民衛兵▲大隊の副隊長に選出された。ところが、その一週間後に、アジャクシオの群衆と国民衛兵の間で武力衝突が起こり、それが発端となって死者数名が出る暴動が発生し、状況は一変する。事件の責任を問われ、窮地に陥ったナポレオンは五月に島を離れ、パリの陸軍省に出向いて連隊復帰を願い出

▼聖職者民事基本法　カトリックの聖職者に俸給を与えて公務員化し、聖職者民事基本法(のちに一七九一年憲法の一部となる)への忠誠宣誓を求めたが、宣誓を拒否する聖職者が続出し、フランス・カトリック教会の分裂をまねいた。

▼国民衛兵　国内の秩序維持のために、一七八九年に創設された民兵組織。一定の直接税を払う男性市民に隊員資格が与えられ、隊長、士官、下士官は隊員によって選挙された。

▼八月十日の革命　パリ民衆がチュイルリ宮を襲撃し、制圧した事件。その後、立法議会は王権の停止を宣言して解散し、男性普通選挙で国民公会が成立し、九月二十一日、共和政樹立の宣言がなされた。

ている。長期不在のために将校リストから抹消されていたものの、陸軍省はコルシカでの事件を重大視せず、連隊への復帰を認めている。フランス軍は貴族将校の大量亡命で幹部不足に悩まされていたのである。同年八月十日、▲パリ民衆が蜂起し、チュイルリ宮が襲撃された。革命を支持していたナポレオンではあるが、この日の大量殺戮を目の当たりにして、パリ民衆に深い嫌悪感をいだくようになった。

ナポレオンは一七九二年十月にコルシカ島にもどり、翌年二月、地中海に浮かぶサルデーニャ島への遠征軍に砲兵将校として加わった。一七九二年末から九三年初めにかけて、フランスはピエモンテ＝サルデーニャ王国のサヴォワとニースを併合しており、サルデーニャ島への遠征は、サルデーニャ王国攻略の一環として計画されたものであった。ナポレオンはパオリ派の司令官の指揮下、サルデーニャ島の周辺にある小島の奪取に成功したが、水兵が反乱を起こしたため、撤退を余儀なくされた。思わぬかたちでの遠征失敗は問題になり、ナポレオンも含めて遠征軍幹部は報告書まで書かされた。自尊心も傷つけられ、ナポレオンの最初の実戦経験は苦いものに終わった。

フランス本国はパオリ派の独立志向に疑念を向けるようになった。ジャコバン▲・クラブでの弟リュシアン▲の告発がもとになって、一七九三年四月、国民公会でパオリのパリへの召喚が決定される。弟の告発はナポレオンのあずかり知らぬところであったが、島民の多数派を占めるパオリ派は国民公会の決定に怒り、パオリ派の住民によってナポレオンは命をねらわれ、ボナパルト家の屋敷は襲撃された。ボナパルト家は一家をあげて島を脱出し、六月十三日、対岸のトゥーロンに到着した。ここに、ナポレオンのコルシカ島での野心はついえた。パオリはイギリスとの同盟を選び、九四年にはイギリス・コルシカ連合王国が成立する。コルシカ島は九六年にフランスに再征服されるが、ナポレオンは、一七九九年エジプトから帰還するさいに立ち寄ったのを最後に、ふたたび島に足を踏み入れることはなかった。彼はコルシカ人からフランス人になったのである。

▼ジャコバン派　山岳派とも呼ぶ。ロベスピエール、ダントン、マラなどが指導者。男性普通選挙など民主的な内容を持つ一七九三年憲法を成立させたが、同時に恐怖政治をおこない、ジロンド派、王党派を次々と処刑した。

▼リュシアン・ボナパルト（一七七五〜一八四〇）　ナポレオンのすぐ下の弟。フランス本土の神学校に在学中に革命が起こり、熱心なジャコバン派になった。一七九五年の夏に投獄されたが、ナポレオンの介入で釈放され、ブリュメールのクーデタでは五百人会議長として大きな貢献をした。だが、その後、未亡人の女性との再婚問題で、ナポレオンを怒らせ、家族としての縁を切られ、ローマに逃げている。

②—共和派の将軍

ロベスピエール派の将軍

ボナパルト一家がコルシカ島から脱出し、フランス本土にたどり着いた頃、パリでは大きな政治変動が起こっていた。一七九三年五月三十一日と六月二日の革命によって、ジロンド派が追放され、ジャコバン派が権力を握ったのである。国内では反革命の反乱が起こり、国境は外国軍に脅かされ、南フランスの軍港トゥーロン▲はイギリス軍の手に落ちていた。九三年九月、国民公会によってトゥーロンに派遣された代表団によってナポレオンは砲兵隊司令官に任命された。ナポレオンがたてた作戦にもとづいて、砲兵隊による攻撃が敢行された。砲撃ののち、突撃のさいにナポレオンは第一線にたった。彼が乗った馬は死に、彼自身も腿を剣で傷つけられたが、戦い続け、兵士の士気を鼓舞した。十二月十八日、イギリス海軍はトゥーロンから撤退した。この活躍が認められて、ナポレオンは二四歳の若さで准将となり、ジャコバン独裁の中心人物であるロベスピエール▲の弟、オーギュスタン▲の庇護を受けるようになった。同じ年には一

▼トゥーロン攻略　ナポレオンの作戦が採用されるまで、砲台は砲弾が届かないほど敵陣から遠い位置におかれていた。ナポレオンは、湾内の岬を防御する敵の要塞にねらいを定め、砲台を設置した。

▼マクシミリアン・ロベスピエール（一七五八～九四）　弁護士出身の革命政治家。ルソーに影響を受ける。テルミドールのクーデタで失脚して、ギロチンにかけられた。

▼オーギュスタン・ロベスピエール（一七六三～九四）　兄と同じく弁護士出身の国民公会議員。テルミドールのクーデタで兄にともに処刑された。

歳年上のドゼー（三七頁参照）も将軍となっており、革命によって若くて有能な新しい世代の将校や下士官に出世の道が開かれるようになっていた。

　だが、ナポレオンはふたたび逆境に直面する。一七九四年七月二十七日のテルミドールのクーデタ▲でロベスピエール派が失脚し、ナポレオンもロベスピエール派との関係が疑われ、謹慎処分を受け、私人宅で一時的に身柄を拘束されている。

バラス派の将軍

　クーデタで恐怖政治は終わったが、どのような体制にするかが問題であった。テルミドール派▲にはルイ十六世処刑に賛成票を投じた者がかなりいたので、王政復古は問題にならなかった。一七九五年に新しい憲法（共和国第三年憲法）が成立し、元老会と五百人会の二院制に、行政は五人の総裁からなる行政府が担い、両院議員は、財産資格による二段階選挙制度によって選出されることになった。憲法に従って選挙がおこなわれることになったが、テルミドール派は新議会の三分の二は元国民公会議員から選出されなければならないとする法令を

▼テルミドールのクーデタ　一七九四年七月二十七日、共和暦ではテルミドール（熱月）九日、国民公会の反ロベスピエール派が決行したクーデタ。共和暦は九三年十月に国民公会によって、キリスト教的であるという理由で廃止されたグレゴリウス暦に代わって採用された暦。九二年九月二十二日を起点として、一年を一二カ月に分け、月の名前には、ぶどう月（ヴァンデミエール）、霧月（ブリュメール）など自然現象があてられた。

▼テルミドール派　クーデタでロベスピエールらを逮捕、処刑し、国民公会の多数派となった党派。バラスなど元ジャコバン派とシェイエス、カンバセレスなど穏健共和派からなる。

だし、これに反発した王党派はヴァンデミエール十三日(十月五日)、パリで反乱を起こした。国民公会によって反乱鎮圧の責任者とされたバラス▲は、パリにいる将軍のなかから政治的に信頼のおける人物を探すことになり、共和派の将軍で任務についていないナポレオンを抜擢した。ヴァンデミエールの反乱鎮圧でナポレオンはめざましい働きをした。ただし、忘れられがちであるが、反乱鎮圧にあたった内地担当軍最高司令官はバラスであり、ナポレオンはバラスの命令のもとで指揮をとったのである。反乱鎮圧直後、最大の称賛をあびたのもバラスであった。それでも、ナポレオンが功績を認められて昇進し、社交界にも出入りするようになったことは確かである。それまで今一つ波に乗れなかったナポレオンの人生は、ようやく歯車がかみ合いはじめたのである。十月二六日、総裁政府が成立した。五人の総裁のうち一人がバラスであった。

ナポレオンがジョゼフィーヌ▲と最初に出会ったのはヴァンデミエールの少し前のことであるが、二人の関係が発展したのは、ヴァンデミエール反乱鎮圧ののち、ナポレオンが昇進してからである。ジョゼフィーヌは、バラスの何人かの愛人の一人であった。二人の子持ちの未亡人で六歳年上であったが、社交界

▼バラス(一七五五～一八二九)　トゥーロンに派遣された国民公会代表団に加わり、ナポレオンとはじめて出会う。テルミドールのクーデタでは中心的役割をはたし、総裁政府期は一貫して総裁のポストにあり、もっとも影響力がある政治家であった。ブリュメールのクーデタ後は、パリから遠ざけられ、政界から引退した。

▼ジョゼフィーヌ(一七六三～一八一四)　元の名前はマリ＝ジョゼフ・ローズ・タシェ・ド・ラ・パジュリ。ジョゼフィーヌはナポレオンが改名させてつけた名前。マルチニック島生まれ。本国フランスに渡り、一六歳でアレクサンドル・ド・ボーアルネと結婚し、一男一女をもうける。恐怖政治下、夫とともに投獄されたが、テルミドールのクーデタ後、釈放された。

の花形であったジョゼフィーヌが若者を魅了するのにそれほど苦労しなかった。もっとも、ナポレオンの側にも打算があったことはいなめない。当時はバラスの愛も薄れていたが、ジョゼフィーヌは総裁政府に影響力をもっていたからである。ナポレオンの期待どおり、一七九六年三月二日、バラスは彼をイタリア方面軍最高司令官に任命した。その数日後に、家族の反対も押し切って、ナポレオンはジョゼフィーヌと結婚式をあげている。結婚式とはいっても簡素なもので、パリ第二区の区役所でバラスらの立ち会いのもと聖職者の介在なしにおこなわれたものであった。フランス革命の非キリスト教化政策によって、宗教から婚姻が切り離されていたのである。

伝説のはじまり――第一次イタリア遠征

一七九六年三月から九七年十月まで、ボナパルトの第一次イタリア遠征がおこなわれる。スペイン、オランダ、プロイセンは対仏大同盟からぬけていたが、主敵イギリスは強硬姿勢をくずしていなかった。そこで、ナポレオンは、大陸でのイギリスの同盟国、オーストリアの領土、とくにもっとも脆弱な部分であ

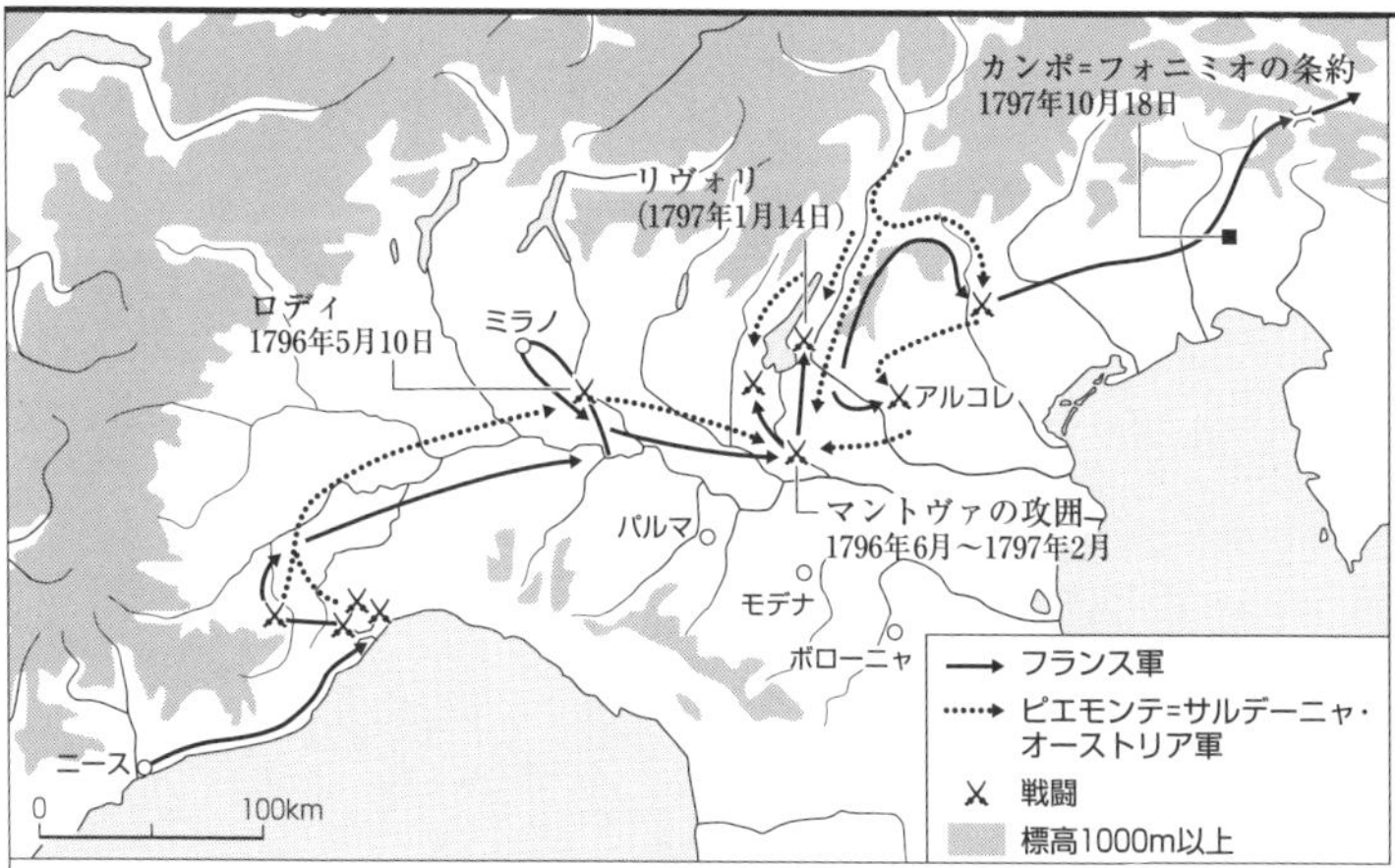

ナポレオンの第一次イタリア遠征

〔出典〕Dimitri Casari (sous la dir.de), *Napoléon Bonaparte,* Larousse, Paris, 2004, p.62.

皇后ジョゼフィーヌ（ピエール＝ポール・プリュドン画）

る北イタリアを攻撃すべきであると考えた。イタリア方面軍はニースから海岸にそって北イタリアに入り、五月十日、ロディの死闘▲を制して、ミラノに入城、さらにボローニャ、フェラーラを占領した。翌年一月リヴォリの会戦▲で勝利をおさめ、二月にはマントヴァを攻略し、こうしてナポレオンは北イタリアを支配することになった。誰も予想しなかった輝かしい成功は、たくみな戦術だけでなく、ナポレオンへの兵士の強い忠誠心、一体感によってもたらされたものであった。兵士に物質的な報酬を与えるだけでなく、新聞を使って一体感、団結を生み出したのである。これまでもこうした新聞の活用は存在したが、ナポレオンほど徹底して利用した者はいなかった。ナポレオンを英雄視する記事がふんだんに掲載された『イタリア方面軍通信』などの軍報がミラノで創刊された。ミラノで発行された軍報は兵士だけでなく、フランス国内でもよく読まれ、一連の戦勝が誇張されながらフランス人の愛国心をくすぐり、ナポレオンへの熱狂を広げていった。そのなかにはグロの絵で有名になったアルコレ橋の戦いのように、戦略上はとくに重要でもない勝利も含まれている。一七九七年二月にはパリにもナポレオンを応援する新聞が創刊された。

▼ロディの死闘　一七九六年五月十日、ロンバルディア平野を進んでいたナポレオンの軍隊は、ミラノに向かう途中で、アッダ川にかかるロディ橋をはさんで、数ではるかに上回るオーストリア軍と死闘を演じた。五月十五日、イタリア方面軍は中心都市ミラノを占領した。

▼リヴォリの会戦　電撃的に部隊を動かし、敵軍が集結するまでに各個撃破する作戦がみごとに的中し、数の上では、兵力、砲門とも倍以上のオーストリア軍を破った。

さらに、一七九七年六月二十九日、ナポレオンはロンバルディア地方(イタリア北西部の地方、ミラノが中心都市)をチザルピーナ共和国にした。総裁政府は対外膨張政策を取り続け、一七九五年にオランダを征服して創設されたバタヴィア共和国を嚆矢《こうし》として、征服地に共和国を建設し(「姉妹共和国」)、これらの衛星国家に革命フランスのモデルにした政治・社会システムを導入していた。チザルピーナ共和国はこうした姉妹共和国のひとつであるが、ナポレオンの独断専行によるもので、総裁政府をいらだたせることになった。ナポレオンは第一次イタリア遠征でそのほかに三つの姉妹共和国をイタリアに創設し、ナポレオンの援助のもと、イタリアのジャコバン派が権力を握った。ナポレオンはイタリアでえた富を私的に流用したが、ヴェロネーゼの「カナの祝宴」などの美術品を含め莫大な戦利品をフランスにもたらし、巨額の賠償金で国庫を潤したので、ナポレオンは総裁政府にはなくてはならない存在になっていた。ナポレオンは占領地の政策を単独で、しばしば総裁政府の意向も聞かずに決定した。ナポレオンはオーストリアとのカンポ＝フォルミオ条約▲(一七九七年十月十七日)は総裁政府に相談せずに結ばれたものである。総裁政府はこの講和に不満であったが、世

▼**カンポ＝フォルミオ条約**　この条約で、オーストリアはヴェネツィアを除く北イタリアとベルギーを手放し、フランスの領土はライン河左岸まで拡大した。だが、ヴェネツィアがオーストリアの支配下にとどまった点が、総裁政府には不満であった。

論を気にしてなにもいえなかった。

そのうえ、王党派をおさえるためにも、総裁政府にとってナポレオンは無視できない存在となっていた。一七九七年夏には、ナポレオンは王党派のスパイから押収した書類をパリに送り、王党派の陰謀計画を暴露し、部下のオージュロー将軍▲をバラスのもとに派遣した。九月四日、バラスら三人の総裁は軍隊の力を借りて王党派議員を逮捕し、多くを流刑にした（フリュクティドール十八日のクーデタ）。このクーデタでオージュローの部隊は大きな役割をはたしたのである。十二月にパリにもどったナポレオンは歓呼の声でむかえられた。また、ナポレオンの住居のあった街路は、第一次イタリア遠征ののち、ヴィクトワール（戦勝という意味）街に改名されている。そして十二月二十五日にはフランス学士院▲会員に選出される栄誉を与えられている。

東方への夢――エジプト遠征

さらに一七九八年、対英侵攻作戦の責任者とされたナポレオンは、総裁政府に対してイギリス上陸作戦は不可能であると進言し、エジプト遠征計画を提案

▼オージュロー将軍（一七五七〜一八一六）　民衆出自の将軍。革命前に軍隊に入隊し、革命期に頭角をあらわした。ブリュメールのクーデタに反対したが、すぐに帰順し、そのあとは、帝国元帥となり、帝国大陸軍の司令官として戦争を指揮。

▼フランス学士院　一七九三年八月八日に、アンシャン・レジームのすべてのアカデミー（学術文化の興隆による国威発揚を目的に学問・芸術の各分野のなかでもっとも優れた者を集めて作られた団体）が廃止され、九五年に国立道徳・芸術学士院が設立された。学術文化に関する政府の諮問機関で三つの部門に分かれた。

●——ナポレオンのエジプト遠征

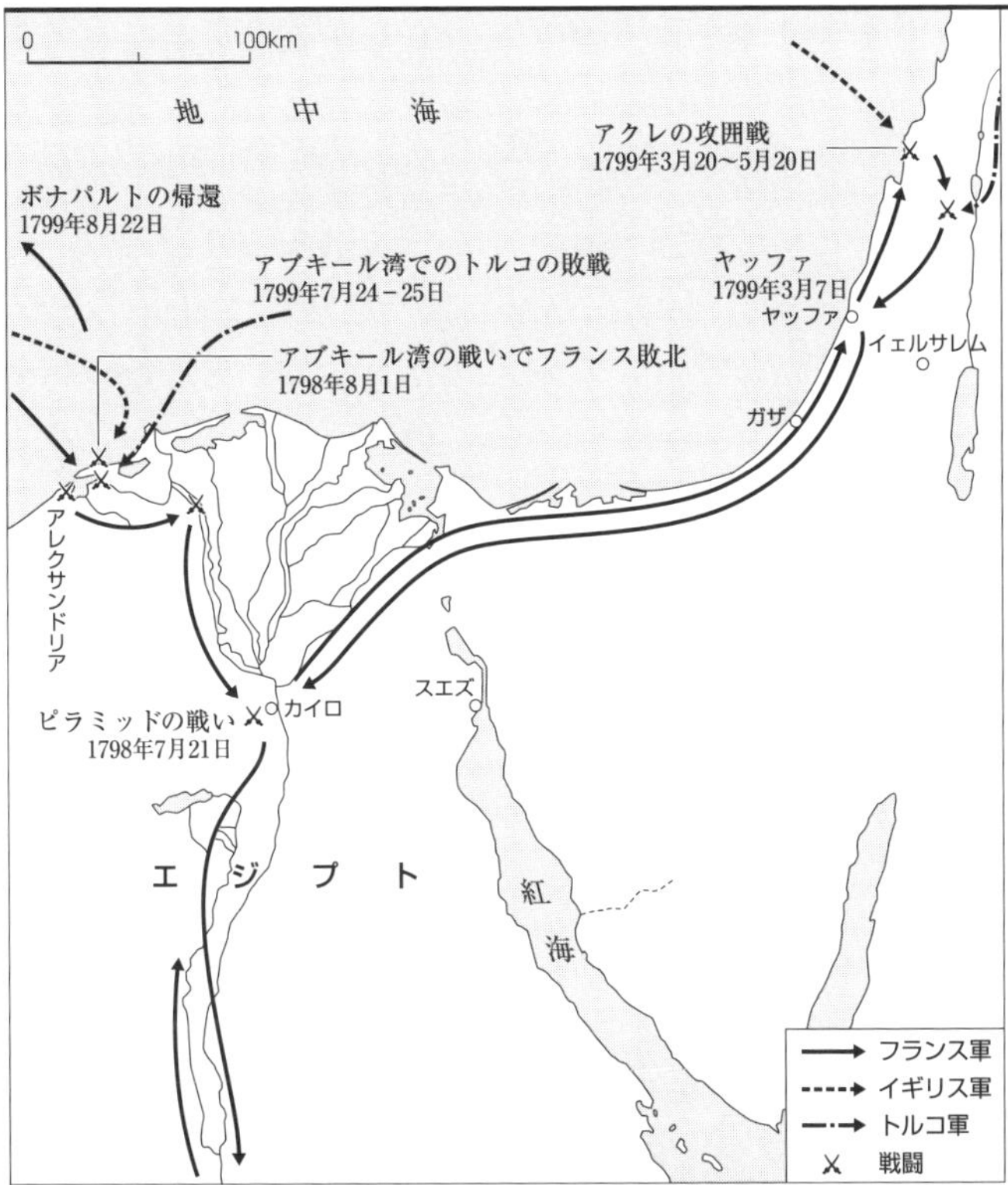

〔出典〕Dimitri Casali (dir.), *Napoléon Bonaparte*, Larousse, p.72.

●——**ピラミッドの戦い**　実際の戦場は大ピラミッドから数キロ離れていた。

して承諾させた。この案は地中海進出を構想していた外務大臣タレーラン▲が発案したもので、イギリスが地中海からインドにつうじるルートをたたくのが目的であった。

エジプト遠征計画そのものは対外政策の一つとして以前から検討されていた。七年戦争の結果、カナダを失って以来、代替の植民地としてエジプトが検討されており、フランス革命期にも国民公会にエジプト征服は容易であるという報告が出されていた。また、政情不安に陥っている総裁政府の巻き添えにならないようにパリから離れておきたいというナポレオンの思惑もあった。

オリエントは、当時のフランス社会にとって、神秘的であると同時に栄光と富をあわせもつ存在であった。また、エジプト遠征には大勢の学者・科学者が同行したが、遠征に科学的・学問的性格を与えることによって、ナポレオンは学士院のなかに多くいたイデオローグ▲と呼ばれる啓蒙思想の流れを引く共和派の学者・知識人グループとの同盟関係をかためようとしたのである。

遠征軍は七月一日に、アレクサンドリア湾内に上陸し、ほどなくアレクサンドリアを攻略した。しかし、猛暑、砂漠、食糧難がフランス軍の前に立ちはだ

▼シャルル・モーリス・ド・タレーラン（一七五四〜一八三八）　名門大貴族の生まれで、オータン司教。ラファイエットらとともに自由派大貴族の一人として革命初期に活躍。総裁政府期の一七九七年から九九年七月まで外務大臣。ナポレオンが権力を握ってから外務大臣に復帰した。一八〇七年にナポレオンと衝突し、外務大臣を辞職。その後はブルボン王政復古を画策し、ウィーン会議ではフランス代表として活躍した。

▼イデオローグ　哲学者のデステュット・ド・トラシー、カバニス、ラプラス、歴史家のドヌー、ヴォルネーらがいる。「イデオローグ」「イデオロギー」という言葉の語源となった。

▼マムルーク　奴隷身分の軍人。イスラーム世界では異教徒、とくにキリスト教徒をイスラームに改宗させて奴隷身分とし、教育・訓練をほどこして有意な人材として活用した。

▼ネルソン（一七五八〜一八〇五）　イギリスの提督。一七九九年八月一日のアブキール湾の戦いでフランス海軍を破った。

かった。ナポレオンは気候の問題を考慮に入れなかったのである。幸いなことにエジプトは経済的に衰退しており、マムルーク(奴隷騎馬親衛兵)も弱体化していた。七月二十一日、ギザでの戦い(「ピラミッドの戦い」)で、エジプト遠征軍は勝利し、カイロを掌握した。だが、八月一日、アブキールに停泊中のフランス艦隊がネルソン提督率いるイギリス艦隊に急襲され、壊滅させられた。戦況は九月のオスマン帝国による宣戦布告で悪化した。

エジプト遠征では、テーベ、ルクソール、カルナックで考古学的調査がおこなわれ、ロゼッタ・ストーンが発見されている。エジプトでもナポレオンは新聞を創刊し、遠征の成果を宣伝した。その間も戦闘は続き、一七九九年にはシリアでフランス軍はオスマン帝国軍と戦い、ガザとヤッファを陥落させた。だが、アクレ攻撃に失敗し、そのうえ悪いことに、兵士の間にペストが蔓延した。東洋への夢は悪夢に変わった。八月末、ナポレオンは遠征軍の指揮をクレベールに任し、ミュラらを引きつれてひそかにエジプトを脱出し、イギリス海軍の警戒を奇跡的にかいくぐり、十月十六日にパリにたどりついた。まだエジプト遠征の実情が知らされず、ナポレオンがもどる数日前に、七月二十五日のアブ

▼ロゼッタ・ストーン　古代エジプトのプトレマイオス五世をたたえた前一九六年の碑文。神聖文字解読の手がかりとなる。大英博物館に所蔵されている。

▼クレベール(一七五三〜一八〇〇)　建築家、軍人。九三年のヴァンデ反乱鎮圧で最高司令官として活躍。ナポレオンが帰還したあとのエジプト遠征軍を指揮していたが、一八〇〇年六月十四日、カイロで暗殺される。将軍の死去はナポレオンにとって不都合であり、何週間もの間、公表されなかった。

▼ミュラ(一七六七〜一八一五)　宿屋の息子。第一次イタリア遠征とエジプト遠征で顕著な働きを示し、ブリュメールのクーデタでは軍隊を指揮して議会を制圧した。一八〇〇年にナポレオンの妹のカロリーヌと結婚。ベルク・クレーヴ大公(一八〇六〜〇八)、ナポリ・シチリア王(一八〇八〜一五)になった。一八一五年にイタリア独立を掲げてオーストリアに宣戦布告したが、敗北し、捕らわれ、銃殺された。

キールの勝利の報がパリに届いていたのも幸いした。たくみな宣伝のおかげで、ナポレオンはエジプトでの勝利の栄光に包まれて帰国することができたのである。なお、残されたエジプト遠征軍は一八〇一年秋にエジプトから撤退し、ロゼッタ・ストーンもイギリス軍に奪われている。

ブリュメール十八日のクーデタ

ナポレオンのエジプト遠征に対して、イギリスとロシアが音頭をとって国際包囲網がしかれた(第二回対仏大同盟)。第一回対仏大同盟と違うのは、それまで互いに対立していたオスマン帝国とロシアが加わったことである。エジプト遠征によって、オスマン帝国とフランスは交戦状態になっていたが、それまで中立を保っていたロシアも東地中海へのフランスの進出を座視できなくなっていた。フランスはイタリアやスイスで敗北と後退を繰り返し、五年ぶりに国境を脅かされることになった。

パリでは、シェイエス▲を中心にクーデタの計画がねられていた。シェイエスは、政治の表舞台から姿を消したあと、五月に総裁に就任したばかりであった。

▼**シェイエス**(一七四八〜一八三六) 聖職者出身。一七八九年の全国三部会代議員の選挙戦のさい、『第三身分とは何か』を著して、革命の大義を明らかにし、革命初期に主導的役割をはたした。

総裁政府は、ジャコバン派と王党派の左右の勢力の台頭をおさえられず、軍隊の力を借りてクーデタを繰り返し、議会を粛清してかろうじて権力の維持をはかっていた。そこで、シェイエスら総裁政府の一部は行政権力強化をめざしてクーデタ計画を検討し、その協力者として政治的に信用のおける共和派の将軍を探した。最初白羽の矢が立ったのはジュベール将軍であったが、八月に戦死し、新たに候補となった将軍もナポレオン帰還の報を受け、尻込みしてしまった。当初、権力への野望を隠さないナポレオンを警戒していたシェイエスであったが、タレーランや警察大臣フーシェ▲らの支持をえた「エジプト」の勝者との提携に踏みきることになった。

一七九九年十一月九日(ブリュメール十八日)、早朝に、警察大臣フーシェの黙認のもと、クーデタが決行された。急遽両院が招集され、反対派議員が不在のまま、パリ民衆の圧力を避けるためパリ近郊サン＝クルーへの両院の移転が決められ、両院を警護する部隊の司令官にナポレオンが指名された。シェイエスら二人の総裁がまず辞職し、バラスも辞職を余儀なくされ、抵抗した残り二人の総裁はリュクサンブール宮に閉じ込められ、総裁政府は解体された。翌日、

▼**ジョゼフ・フーシェ**(一七五九〜一八二〇)　修道会経営のコレージュと神学校で学び、カトリック系のコレージュの教師になった。ただし聖職者であったことはない。ジャコバン独裁の時期にリヨンに派遣され、反革命派の大量虐殺をおこなって悪名を轟かした。テルミドールのクーデタではロベスピエール打倒の側にまわった。一七九九年七月に警察大臣に就任している。百日天下の時と、第二王政復古初期のタレーラン内閣の時にも警察大臣になっている。

両院はサン＝クルーに移転された。ナポレオンはまず元老会に出て議員を説得しようとした。だが、議会経験がなかったナポレオンは質問にうまく答えられず、われを忘れ、失態を演じた。五百人会ではさらにひどく、質問攻めにあい、取り囲まれ、突き飛ばされ、兵士によって議場から救い出された時は青息吐息であった。クーデタはあやうく失敗するところであった。五百人会の議長であった弟のリュシアンがナポレオンが殺害の脅威にさらされているという話をでっちあげ、その口実のもとに、ミュラの指揮下にあった部隊が議場に押し入り、議員を退散させた。当初の予定とは異なったが、これがナポレオンにはかえって幸いした。議会によるクーデタが軍事クーデタに変化し、シェイエスをおしのけて、ナポレオンがクーデタの主役になったからである。ナポレオンは内外の危機に直面し、窮地に陥ったフランスの「救世主」として喧伝された。もっとも、フランス経済は立ち直りの兆しをみせ、国境の脅威もすでに取り除かれていたので、「危機」はいく分誇張されたものであった。ナポレオンはしばしばいわれるように小男ではなかったが、一メートル六八センチと当時としては平均的な身長の細身の身体は権力者のイメージからはほど遠かった。

グロ「第一統領ナポレオン・ボナパルト」(一八〇二)

③―革命の後始末

「革命は終わった」

一七九九年十二月十五日、共和国第八年憲法が短い宣言とともに公布され、第一統領にナポレオンが指名された。この憲法には短い宣言がつけられており、その宣言は「革命はそれを始めた原理のうちに固定された。革命は終わった」という言葉で締めくくられていた。通常、フランス革命はブリュメールのクーデタで終結したとされるが、実際には革命期とナポレオン時代を明確に区分するのは難しい。「革命は終わった」という声明自体も国内の反革命派や対仏大同盟に対して和平を促すメッセージであったことを忘れてはいけない。

共和国第八年憲法では、選挙権以外の人権規定は明記されず、恣意的な逮捕に制限が加えられている程度で、基本部分は諸権力の編成にあてられていた。行政権は三人の統領の合議で行使されることになっていたが、実質的には一〇年任期の第一統領が権力の真の保持者であり、法案の提案、軍の指揮、外交、大臣の指名をおこなった。そのほかの二人の統領は第一統領の相談役にすぎなかった。立法府は、元老院、護民院、立法院の三つあったが、発議権は議会にはなく、終身議員からなる元老院は法律の合憲性を判断する機関であり、立法院は投票権はあったが議論する場ではなく、本来の意味で議会と呼べるのは審議権を持つ護民院だけであった。このように立法機関の権限は脆弱で、執行権力、とくに第一統領の権力の圧倒的な優越は明白であった。もう一つ重要な機関として忘れてはならないのは国務院である。国務院は法律、内政、軍事などの専門家から構成され、統領を補佐して法案や行政庁の命令案作成にあたった。体制の成功は国務院のメンバーの有能さに負うところが大きかった。

総裁政府期の経験を踏まえ、選挙による政治的激変を防止するため選挙制度も改変された。男性二一歳以上の普通選挙によってまず市町村の名士リストが作成され、このリストに登録された名士の互選で県名士リスト、さらにその互選で全国的な名士リストが作成され、最後のリストから政府に従順な元老院が護民院と立法院の議員を選ぶことになった。なお、一八〇二年八月の憲法改正(共和国第一〇年憲法)によって、リスト方式から選挙会方式に変わるが、市民は候補者を提案するにとどまっていた。

「独裁」をめぐって

権力基盤をかためるさいに決定的であったのは軍事的成功であったが、男性普通選挙による人民投票制度も国民の信任をえた証拠として効果的に利用された。新憲法草案は人民投票に付された。二一歳以上のすべてのフランス人男性に投票権があったが、賛成か反対かの二者択一であり、しかも記名投票であった。政府の公式発表では賛成票は三〇〇万票をこえて、反対票はわずか一五六二票であった。クーデタは圧倒的多数の国民から支持されたかのようにみえるが、研究の結果、実際には賛成票の水増しが大量にあり、実際には一五〇万人程度、率にして二十数％程度しか投票していなかったことがわかっている。国民は投票には無関心か、あるいは消極的な態度を示していたのである。

ナポレオンが第一統領として、続いて皇帝として統治した体制はしばしば独裁と形容される。だが、そもそも「独裁」という言葉は古代ローマの独裁官に由来しており、ジャコバン独裁がその前例になるが、共和政と矛盾するとは受け取られていなかった。統領政府期、とくにその初期には、イデオローグなど共和派はフランス革命の成果を守るためなら独裁を容認する傾向が強かった。権力闘争に敗北したシェイエスではあったが、ナポレオンが政界につうじていなかったこともあり、議員の選出に大きな影響力を発揮し、議会はクーデタ支持派でかためられた。彼らは革命の成果を守るために「独裁」を容認したが、だからといってナポレオンの独断専行に同意していたわけではなかった。ナポレオンも当初は慎重にふるまい、タレーランやフーシェなどの意見をよく聞いたのである。「独裁」という言葉を強大な個人権力という意味で用いるならば、クーデタ直後に独裁が成立したとみなすのは困難で、一八〇四年の帝政成立までに徐々に反対派を除去して権力基盤をかためていったと考えるべきであろう。

　また、ナポレオンは国家機構の重職に士官を用いることはほとんどなく、軍事独裁ではなかった。彼は文官による行政を好み、陸軍の行政を改革し、兵士の昇進を将軍の恣意から中央行政のコントロールのもとにおいた。ライン方面軍は、ベルナドット将軍▲をはじめ、ナポレオンに対して先入観をもっていたし、そもそも軍隊は共和派が多く、潜在的に反体制的な勢力の温床となっていた。

　一族の結束を重視したナポレオンによって、ボナパルト家とボーアルネ家は

▼ベルナドット将軍（一七六三〜一八四四）　法律家の息子。一七八〇年に入隊するが、出世したのは革命が始まってから。一七九四年に北部方面軍の師団長となり、第一次イタリア遠征に途中から参加。ジョゼフ・ボナパルトの妻の妹と結婚。一八一〇年、スウェーデン王となり、ライプチヒの戦いではナポレオンの敵になった。

▼オルタンス・ド・ボーアルネ（一七八三〜一八三七、オランダ王妃一八〇六〜一〇）　ジョゼフィーヌと最初の夫ボーアルネ子爵との間にできた娘。ナポレオンによって、カンパン夫人が経営する寄宿学校に入れられた。ルイとの夫婦仲はよくなく、ジョゼフィーヌ譲りの美人であったオルタンスは、タレーランの私生児であり、ミュラの副官でもあった軍人を愛人にしている。

▼ルイ＝ナポレオン・ボナパルト（一八〇八〜七三、在位一八五二〜七〇）　一八三二年、ナポレオンの息子ライヒシュタット公の死去にともない、

婚姻をつうじて結びつきを深め、一八〇二年に弟のルイがジョゼフィーヌの娘のオルタンス・ド・ボーアルネと結婚している。二人の間に生まれたのが将来のナポレオン三世である。また、妹カロリーヌは将軍ミュラと結婚し、有能な部下を一族のなかに取り込むために利用された。だが、統領政府期には慎重にも兄弟を権力から遠ざけていた。

十年ぶりの平和

ナポレオンが最初に取り組まなければならなかったのは国際的孤立や国内の無秩序状態という革命の負の遺産の解決であった。ナポレオンは警察や行政の権力の行使、反対派の有力者の懐柔、取り込みなど硬軟取りまぜてあらゆる手段を行使して権力基盤の拡大と、反対派の抑え込みをおこなった。西部地方ではカトリック信仰擁護を旗印に反革命反乱がまだ続いていた。そこで反革命のシンボル的存在であったヴァンデ地方の指導者を集めて礼拝の自由を認めて、一八〇〇年一月に講和を結び、これを皮切りに西部全体の反乱を押さえ込んだ。同時に、亡命者の帰国を促し、一八〇二年五月二十六日には全般的な恩赦を布

ボナパルト家の帝位継承順位第一位となる。第二共和政期の一八四八年に大統領に当選し、一八五二年に皇帝となり(第二帝政)、ナポレオン三世を名乗る。一八七〇年、普仏戦争の最中、スダンの戦いで捕虜となり、第二帝政は崩壊した。

▼カロリーヌ・ボナパルト（一七八二〜一八三九、ベルク・クレーヴ大公妃一八〇六〜〇八、ナポリ王妃一八〇八〜一五）　ナポレオンの一番年下の妹。ナポレオンによってカンパン夫人の寄宿学校に入れられる。ナポリ王妃時代の一八一三年、オーストリア宰相メッテルニヒの誘いに応じてオーストリアと同盟関係を結び、ナポレオンを裏切るが、翌年、同盟を破棄したオーストリアによってナポリに攻め入られ、一時囚われの身となった。

▼ヴァンデ反乱　三〇万人の義勇兵招集が直接のきっかけで、フランス西部ヴァンデ地方におこった農民反乱。この地方はカトリック信仰が根強く、聖職者民事基本法をはじめとする教会政策に対する不満がくすぶっていた。

告するなど国民和解の政策をとった。

他方、一八〇〇年十二月二十四日に起こった暗殺未遂事件▲を口実にジャコバン派を弾圧したり、和睦に応じない国内の反対派は容赦なく弾圧したり、治安を乱す疑いのある者を首都から遠ざけたりした。警察による厳しい監視体制によって、犯罪も減り、治安は安定した。だが言論・出版・集会の自由などの公的諸自由が失われた代償は大きかった。新聞のみならず検閲は文学、演劇▲にもおよび、政府が政治宣伝として絵画などを活用したこともあいまって芸術活動は衰退した。

それでも、権力基盤は盤石とはいえず、反対派だけでなくクーデタを支持した勢力のなかにもナポレオン失脚の機会をうかがう者が少なくなかった。一八〇〇年四月に、ナポレオンは第二次イタリア遠征に出発し、軍を率いてまだ雪の残っているグラン＝サン＝ベルナール峠をこえてイタリアに入り、マレンゴでオーストリア軍と戦った(六月十四日)。戦局は思わしくなく、一時は敗戦の誤報がパリに届き、ナポレオンをうとましく思っていた人々をぬか喜びさせた。たしかに、ドゼー将軍(三七頁参照)率いる援軍が来なければナポレオンは敗北

▼サン＝ニケーズ街の暗殺未遂事件　ナポレオン夫妻がパリのオペラ座に向かい、サン＝ニケーズ街の道路を通過している時に、近くにあった荷馬車に仕掛けられた爆薬が爆発した。警察大臣フーシェは当初から王党派の仕業と睨み、ジャコバン派が厳しい弾圧を受けたあとも綿密な捜査を続け、王党派の真犯人を逮捕させた。主犯格の二人が裁判のうえ、処刑された。

▼パリの劇場　演劇は当時、最大の娯楽の一つで、第一統領ナポレオン自身も週に一、二度かよっていた。演劇は政治宣伝の場でもあり、コルネイユなどの悲劇だけでなく、ブリュメールのクーデタなど同時代の事件が上演された。

していたであろう。マレンゴの戦い▲のいちばんの立役者であるドゼー将軍はこの戦いで戦死し、ドゼーに本来帰せられるべき軍功もあわせてナポレオンのものとなった。イタリア遠征はふたたびナポレオンに軍事的栄光と、今度は権力者としての威信をもたらすことになったのである。

マレンゴの勝利のあと、フランスはオーストリアとリュネヴィルの和約▲を結び、総裁政府末期に失っていたイタリア北部をふたたび支配することになる。リュネヴィルの和約を手始めに各国と講和が締結され、スペインを味方につけ、ロシア、アメリカ合衆国と和解し、一八〇二年三月二十五日、ついにイギリスとの間でアミアンの和約▲が結ばれる。リュネヴィルとアミアンの二つの条約は、それまでの国際関係の参照の枠組みであったウェストファリア条約にひとことも言及がなかった。いわば近世ヨーロッパの死亡証書であった。

こうして、一七九二年以来間断なく十年間続いた戦争は終わり、待望の平和がもたらされた。フランスはイタリアの大部分を支配し、ドイツ諸邦の運命を手中に握り、大陸ヨーロッパに睨みをきかせるようになった。ナポレオンはブリュメール十八日のクーデタ直後に公言した約束を見事にはたしたのである。

▼マレンゴの戦い　オーストリア軍はまだかなりの兵力を維持しており、他方でフランス軍も少なくない打撃を受け、華々しい勝利とはほど遠かった。いくつか重大な作戦の失敗があったマレンゴの戦いを、ナポレオンは何度も思い出し、反省している。

▼リュネヴィルの和約　一八〇一年二月九日に締結。カンポ＝フォルミオの条約とほぼ同じ内容で、イタリアにチザルピーナ共和国を復活させた。そのほか、オーストリアにフランスによるライン左岸割譲を認めさせ、フランスがスイスに作った姉妹共和国、ヘルヴェティア共和国を承認させた。

▼アミアンの和約　イギリスはマルタ島など地中海の島々から軍隊を撤退させ、ケープ植民地をオランダ（当時は、姉妹共和国のひとつであるバタヴィア共和国）に返還した。こうしてイギリスは、セイロンなどを除き、フランス革命期から続いていた戦争の間に占領したほぼすべての領土を返還することになった。

しかも、一七九二年以降に獲得した領土をひとつも失うことなく、自然国境をかため、そのうえに姉妹共和国という衛星国家を拡大したので、ナポレオンはフランス革命の軍事的成果の継承者として圧倒的な威信を獲得することになる。

公認宗教体制

ナポレオンはフランス革命によって生じた宗教的分裂を克服するため、カトリック教会と和解する必要性を感じた。だが、それだけでなく、宗教と国家の関係を再編し、諸宗派の礼拝の自由を保障する問題に取り組まなければならなかった。近世ヨーロッパでは宗教改革と宗教戦争をへて、それぞれの国家のなかで宗派的統一(「宗派化▲」)が進められ、プロテスタント少数派が存在したフランスでは、「宗派化」はプロテスタントへの迫害をもたらした。同時にフランスの教会はローマに対して独立の動きを強め、他方、十八世紀には非キリスト教化の動きもあらわれていた。フランス革命によってプロテスタントに礼拝の自由が認められたが、恐怖政治期の宗教迫害▲はプロテスタントやユダヤ教にもおよび、恐怖政治が終わってふたたび礼拝が認められるようになると、カトリ

▼宗派化　世俗の権力が特定の宗派を公認の宗教とみなし、その宗派の教会と協力しながら住民の日常生活を規律化し、同質化していく現象。たとえば、イギリスでは国王が首長となってイギリス国教会が成立した。

▼恐怖政治期の宗教迫害　一七九三年秋から九四年春にかけて非キリスト教化運動が激しく展開され、宣誓した司祭も聖職放棄が強要されたが、カトリックだけでなく、プロテスタントやユダヤ教の礼拝の自由も侵害された。

ナポレオンの第二次イタリア遠征

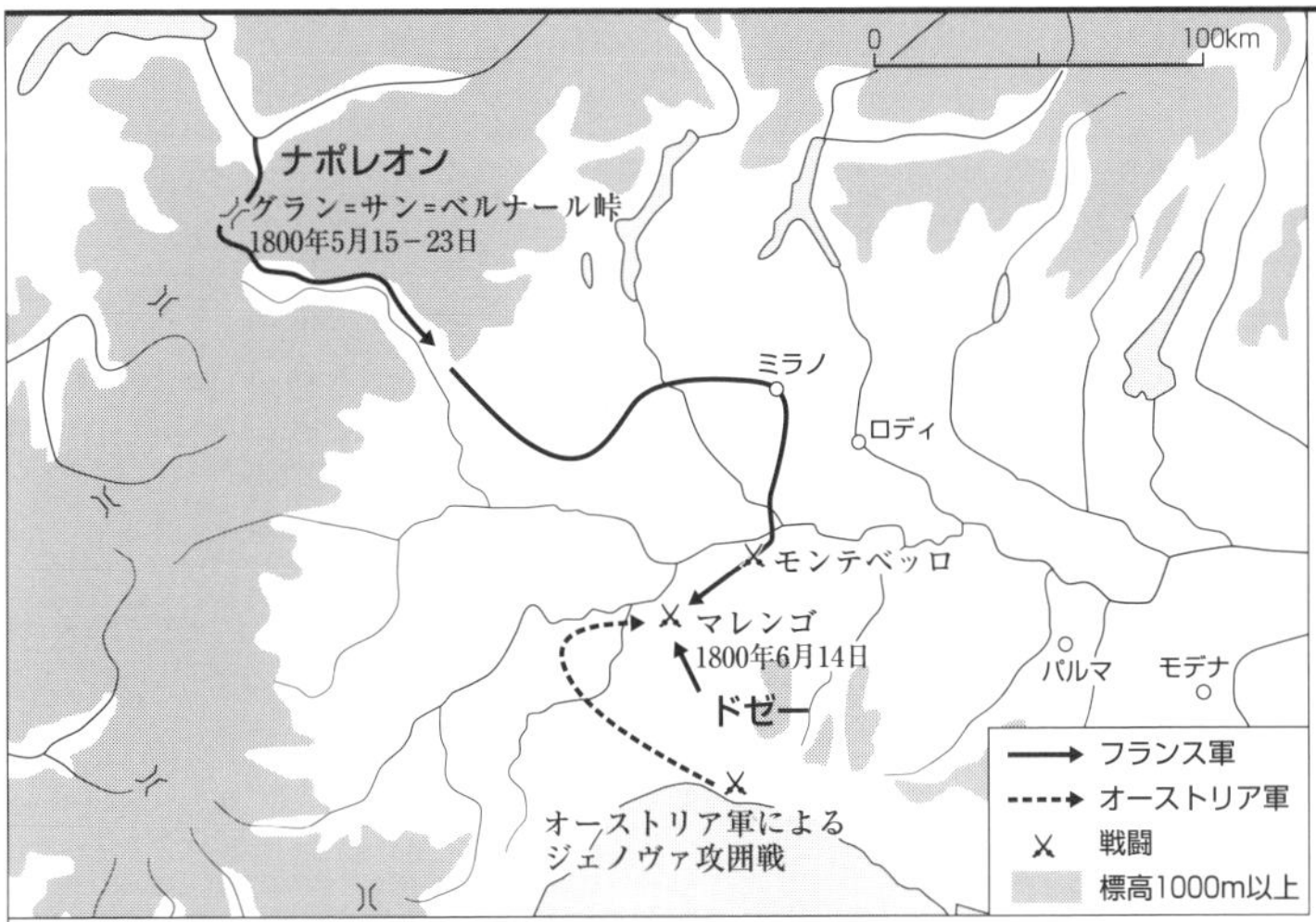

〔出典〕Dimitri Casali (dir.), *Napoléon Bonaparte, Larousse,* p.102.

ドゼー将軍（一七六〇〜一八〇〇）　貧しい貴族の生まれ。一七七六年の改革でブリエンヌ校とともに兵学校とされたエフィア校で学ぶ。一七八三年に入隊。革命期の戦闘で何度も負傷し、軍人としての功績は同僚から高く評価された。マレンゴの戦いでドゼーは部隊の先頭に立って戦い戦死した。奇しくも、同じ日に、クレベールがカイロで殺害されている。

ック住民による迫害の脅威も蘇っていた。

ルソーを崇拝していたナポレオンは、宗教は社会生活の基礎として必要であると認識していたが、革命期のように市民宗教▲を創設するのではなく、既存の宗教に頼ることにした。イタリアに派遣されたフランス軍の圧力のもと、一八〇一年七月十五日、ローマ教皇庁との間でコンコルダ▲(政教協約)が締結された。なお、教皇がコンコルダのテクストを批准した八月十五日は、ナポレオンの誕生日であり、一八〇二年以降、盛大に祝賀されるようになった。コンコルダによって、在俗聖職者は国家から俸給を受け取ることになり、かわりに教皇は革命期に没収された教会財産の返還を求めないことに同意した。最近の研究が示すように、司教叙任権をローマ教皇ピウス七世(七二頁参照)が確保した点などをみれば、ローマ教皇側はかなり大きな譲歩を引き出したといえるだろう。

しかし帝政期を含めて政府はあらゆる宗教権力から独立しており、この意味で非宗派的であり、革命期の宗教政策をかならずしも否定するものではなかった。コンコルダではカトリックには国教の地位が与えられず、「フランス人多数派の宗教」とされ、一八〇二年にはプロテスタントの二宗派(カルヴァン派と

▼市民宗教　ルソーによって提唱された。ルソーによれば、宗教は社会生活の基礎的要素であるが、カトリックなど既存の宗教は狂信的で迷信深く、不寛容であるため、それにかわる新しい宗教が必要であるとされた。ジャコバン独裁期にロベスピエールが創造を試みた最高存在の崇拝はその具体例。

▼コンコルダ(政教協約)　教皇庁と世俗国家との間で取り交わされる政教関係についての協定。教皇庁とフランスとのコンコルダでは一五一六年以来の改定となった。

ルター派)と、公認宗教の間の平等が法律によって規定され、牧師には国家から俸給が支給されることになった。さらに一八〇八年にはユダヤ教が公認宗教と認められている(ラビ〈ユダヤ人社会の霊的指導者〉への俸給支給は七月革命後)。ナポレオンは諸宗派間の調和的発展をめざし、それぞれの宗派に他宗派を尊重するよう奨励した。このように財政支援などの便宜と引き換えに諸宗派を政府の監督下におき、諸宗派の礼拝の自由を認めながら宗派間の紛争を防止する制度は、近年、公認宗教体制とよばれ、イスラーム教徒が増加するなか、あらためて注目されている。フランスでは一九〇五年にコンコルダが廃止され、政教分離がおこなわれたので、コンコルダ体制(あるいは公認宗教体制)は政教分離までの過渡的なものとして受け止められてきたが、そうした理解は一面的であろう。

行財政改革

同時にナポレオンは行政、司法、財政機構改革をおこなった。直接税徴収を国家が掌握して税収を安定化させ、フランス銀行(一八〇〇年)を設置して独占

▼**県**　フランス革命の一七八九年十二月に、従来の制度を一新させて生みだされた地方行政単位。革命期は県議会の互選で県行政の長が選ばれていた。県の名称、および県境は九〇年に決まり、ほぼ同じかたちで現在に継承されている。

的に銀行券を発行させた(一八〇三年)。官僚は革命期の選挙の原理にかわって、国家元首による任命制となり、ピラミッド型の中央集権的組織に再編された。革命期に売官制と世襲制が廃止されていたが、現代まで続く近代公務員制度が確立されたのは、ナポレオンの時代なのである。とくに大事なのは地方行政の要に、第一統領によって任命される県▲知事(一八〇〇年)を設置したことであろう。県知事は治安維持、徴税、徴兵、教育問題に責任を負い、地方産業の育成、土木事業も管轄しており、絶大な権力をもっていた。県知事の職務は相当部分アンシャン・レジームの地方長官の職務を継承していたが、特権的中間団体が革命期に解体されていたため、中央集権化は格段に効率的なものとなった。こうした中央集権的地方行政の骨組みは、一九八二年の地方分権化まで続くのである。

地方の利害を代表する県会があったが、選挙制度のために名望家しか議員になれず、その権限もかぎられていた。全国三万六千の市町村長は革命期には選挙で選ばれていたが、人口五千人未満の自治体の首長は知事が指名し、人口五千人以上の都市については知事の提案にもとづいてナポレオンが指名することになった。もっともジャコバン政権時代には政府派遣委員による首長罷免がしばしばあったことであり、総裁政府でもこうした悪弊は変わらず、そのうえ、選挙に党派的な介入をおこなったため、有権者の投票意欲も失われていた。このため選挙から知事による指名への移行は、大きな反対もなく受け入れられていったのである。

三人の統領を中心にすべての大臣が集まる閣議が毎週開かれたが、連絡調整機関にとどまり、本当の意味での議論はなかった。閣議のほか、かなりの作業は第一統領とさまざまな大臣との直接の会談でおこなわれた。ナポレオンはまた、行政顧問会議を開く慣行をつくった。この会議では、取り扱われる案件にしたがって、管轄の大臣、部局長と国務院参事官が集められた。こうした分業によってナポレオンだけが国政の全体像を知りえることになり、国家を統べる唯一の主人となったのである。

中央省庁も整備が進んだ。それぞれの省庁のスタッフ(国家元首から直接指名される官僚と、官僚の命令を執行する吏員からなる)は増加し、階層化された。ただし、それぞれの省庁は自律的に運営されており、ナポレオンは官僚集団がそれぞれの部門で自律的に活動することは認めていたのである。入省にはなんの決まりもなく、採用試験もなかったし、国務院傍聴官を除いて、学位も問われなかった。なにがしかの教育を受けており、有力なコネがあれば官僚になるのに十分であった。

ナポレオン法典

ナポレオンは近代的所有権と家父長的な家族の擁護を中心にすえて、革命後の社会の再編にとりかかった。これをもっともよく示すのは一八〇四年三月二十一日公布のフランス民法典（「ナポレオン法典▲」）であろう。ナポレオンは法律論を展開する能力はなかったが、議論の方向性を決める権威を持っていた。フランス革命の精神にもとづく体系的な民法典編纂作業は一七九三年に始められていたが、議論が紛糾し、まとまらなかった。革命期の編纂作業の責任者であった第二統領カンバセレス▲の援助を受けながら、ナポレオンは国務院での準備段階での議論に積極的に介入し、議会に早期可決を求めた。だが、議会は予想以上に抵抗し、やっと一八〇四年に採択された。ナポレオンの介入がなければ

▼ナポレオン法典　それまでフランスには法典、すなわち整然と体系的に整序された法集成が存在していなかった。民法についてはフランス南部は成文法の地域で、ローマ帝国の法律が援用されていたが、北部はイギリスと同様、慣習法が通用していた。ナポレオン法典では、妻は、夫が家庭内に愛人を同居させている時しか、夫の意思に反する離婚の訴えを起こすことができなかった。

▼カンバセレス（一七五三〜一八二四）　一七八九年の三部会選挙では貴族部会から当選し、革命支持にまわる。国民公会では穏健共和派に属し、ロベスピエール失脚に貢献。一七九九年に法務大臣となり、ブリュメールのクーデタでナポレオンに協力して第二統領となる。

民法典は成立していなかったであろう。

民法典によって封建制の廃止と国有財産売却の撤回不可能性が確認されると同時に、私的所有権の絶対、労働の自由、人身の自由、法の前での平等、信仰の自由などが宣言された。たしかに女性は従属的地位におかれ、離婚の条件も女性にとって厳しいものとなるなど、フランス革命期と比べて後退面はいなめない。しかし、ナポレオンはフランス革命の社会経済的成果や革命が樹立した近代市民的社会関係を基本的に継承し、それを制度化することで、フランス革命の勝者ブルジョワジーの要求に答えたのである。

④—帝政への道

カール大帝の継承者

コンコルダ交渉は統領政府を支えてきた人々のなかに大きな亀裂を生じさせることになった。交渉には外務大臣タレーランははずされ、フーシェやイデオローグは激しく反対した。コンコルダと民法典が議論された共和暦一〇年(一八〇一〜〇二)の会期では、ナポレオンは護民院、立法院でかなり激しい抵抗を受けた。ナポレオンは、第一統領の権限を利用して大臣を入れ替え、イデオローグなどの反対派を議会から排除していった。続いて第一統領を終身制にするため、人民投票が利用された。人民投票は一八〇二年六月におこなわれた。今回も投票数は水増しされ、投票率は四七%と五割を切っていたと考えられているが、それでも実際の賛成票は二八〇万票と、大幅に増加していた。対外平和をもたらし、教会との関係も修復したナポレオンの政治は国民に支持されたのである。

ナポレオンはさらに帝政樹立へと向かう。だがナポレオンはアンシャン・レ

▼カドゥーダルの陰謀事件　カドゥーダル(一七七一〜一八〇四)が首謀したナポレオンの暗殺計画。カドゥーダルは一七九三年のヴァンデ反乱でも活躍したフランス西部反革命運動の首領のひとり。この陰謀事件に名だたる共和派将軍も関与していたため、世論を震撼させた。ナポレオンはこの事件をイギリスの陰謀と宣伝し、危機意識をあおって、帝政樹立支持の世論作りをおこなった。

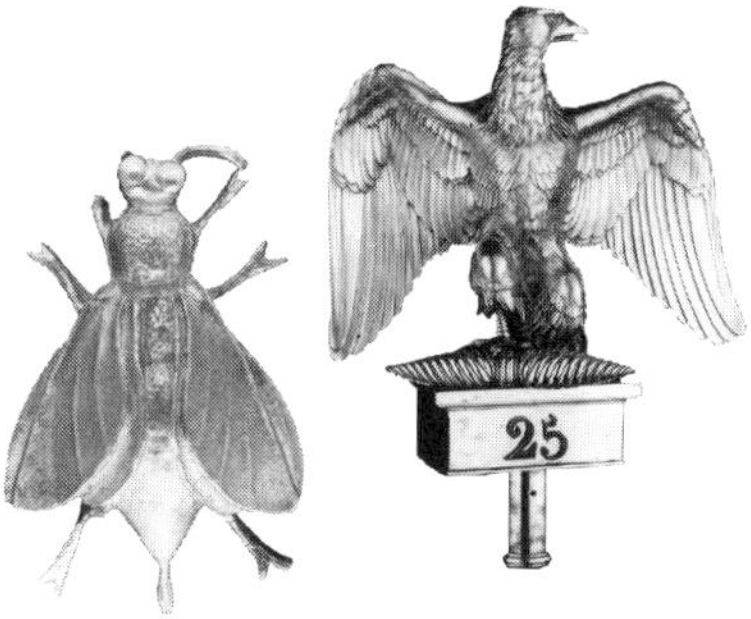

帝政のシンボル、鷲と蜜蜂

ジームへの復帰という印象を避けるように腐心していたことを忘れてはならない。一八〇四年一月末に王党派のカドゥーダルを首謀者とする陰謀事件▲が発覚し、陰謀事件への関与を理由に三月二十一日に王族のアンギャン公が銃殺刑にされた。この事件はナポレオンの専制を示す犯罪行為としてしばしば批判されるが、当時の共和派や国内世論の反応は異なっていた。共和派は、ナポレオンが彼らと同じように「弑逆者《しぎゃくしゃ》」となったことで安心したのである。たとえば、コンコルダ交渉でナポレオンと対立し警察大臣を解任されたフーシェは、王族の処刑のあと、帝政樹立支持を積極的に支持するようになった。また、国有財産の取得で富をえたブルジョワや、封建的特権の復活を恐れる農民層も処刑を好意的に受けとめていた。同年五月、元老院決議によって帝政が成立し、その後、人民投票にかけられた。一八〇二年の人民投票後に併合された県を除くと、実際の投票数は二五〇万となり、前回比三〇万票減であり、投票率も四二%に下がっている。

　ナポレオンはブルボン君主政との違いをきわだたせるため、注意深く「王」の称号を避け、百合の紋章のかわりにメロヴィング朝の蜜蜂と古代ローマの鷲

アングル「玉座のナポレオン一世」（一八〇六）　戴冠式の時の衣装をまとい玉座に座ったナポレオンを描いている。

を帝政のシンボルとした。「皇帝」という称号には併合された領土も含めた領域に対する主権者の意味がこめられていた。ナポレオンはアレクサンドロス大王、ハンニバル、カエサルなど過去の英雄に自分をなぞらえたが、とくに好んだ英雄は八〇〇年にローマ教皇によってローマ皇帝の帝冠を授けられたカール大帝であった。彼は九月にカール大帝の王宮のあったアーヘンに赴き、大帝の遺骸の前で瞑想にふけっている。同年十二月二日、パリのノートルダム大聖堂で、ローマ教皇ピウス七世を招いて戴冠式が執りおこなわれた。法的には元老院決議と人民投票による批准で十分であったが、ナポレオンはフランス君主政の伝統を踏まえた荘厳な儀式によって帝政に威厳を与えようとしたのである。日本では普通「戴冠式」と書かれているが、フランス語での正式な呼称は「聖別式(sacre)」であり、カトリック教会によって君主が宗教的に神聖化されることに儀式の本質がある。とはいえ一八〇四年の聖別式では、教会に従属的な姿勢を見せないように、ナポレオンは祭壇の前で平伏することもなく、ローマ教皇ではなく自分の手で戴冠した。宗教的とはあまりいえず、ローマ教皇はまったくの飾りものであった。ノートルダム大聖堂には外国の代表、プロテスタントの代表、各界の名士が招待されたが、民衆は排除されていた。そのかわり、戴冠式のあと、一カ月以上にもわたってパリや地方で祭典や舞踏会がくりひろげられた。ナポレオンは民衆を喜ばすすべを心えていたのである。

同じ年のサロン展にはグロの「ヤッファのペスト患者を見舞うボナパルト将軍」(四九頁参照)が出展され、観衆を感動させた。この絵はエジプト遠征中に兵士の間にペストが流行した事件を主題にしており、感染の危険もかえりみず、ペスト患者を気遣い、その患部に手を触れているナポレオンの姿は、カペー朝以来の病をなおす王のイメージ▲を彷彿させたのである。なお、一八〇六年から誕生日の八月十五日が「聖ナポレオンの日」として祝日になった。さらに教理問答▲でも皇帝を地上における神の代理人であると教えさせた。

宮廷

ナポレオンは一八〇〇年にチュイルリ宮に居をかまえた。一八〇二年にフランス革命以前の儀典をもとにして宮廷生活が始まり、大勢の召使が雇われ、多くの貴族が宮内官として第一統領のために仕え、舞踏会や祭典が催され、一八

▼病をなおす王のイメージ　中世以来、フランスの国王はるいれき病(顔や首に醜いこぶができる病気)を治癒する能力があるとされ、聖別式の後に国王は数多くのるいれき病患者の患部に触れる儀式をとりおこなった。

▼教理問答　おもに子どもを対象とした問答式の信仰教育。

▼**貨幣に刻まれた第一統領の横顔**
共和暦一一年ジェルミナル七日(一八〇三年三月二十七日)の法律で生まれたフラン硬貨(ジェルミナール・フラン硬貨と呼ばれる)。

〇三年から流通貨幣の表面に第一統領の顔が刻まれた。▲一八〇四年に祭典と招待の組織を担当する侍従長の職務が元宮廷貴族のタレーランにまかされた。帝政成立とともに、ナポレオンはそれまで権力から遠ざけていた親族を特権的地位につけていった。逆に議会の権限は一八〇二年以降、縮小されていった。

統領政府期以来、離婚のうわさが続いていたが、ジョゼフィーヌは宮廷や地方巡幸でナポレオンのそばにいてファースト・レディの役割を務めた。ジョゼフィーヌは国務にはほとんどつうじていなかったが、膨れあがっていく宮廷の頂点に立ち、帝国の高貴で華やかな面を代表する存在であった。旧貴族出身であった彼女は、かなりの数の亡命貴族を亡命者名簿から削除させて帰国可能にし、そのうちの一部の者を行政機関で雇用させ、多くの旧貴族を宮廷に導きいれ、早くから君主政への移行を支持してきた。

帝政が成立すると、一七九二年の共和政樹立宣言の記念日が祝われなくなり、七月十四日の祝賀も一八〇四年を最後として消滅した。三色旗はそのままであったが、「ラ・マルセイエーズ」はブリュメールのクーデタの時最後まで抵抗した五百人会の議員たちによって歌われて以来、反体制的な色がついてしまい、

●—グロ「ヤッファのペスト患者を見舞うボナパルト将軍」(一八〇四)

●—自らの手で戴冠するナポレオン　ダヴィドの「戴冠式」のための習作。

一八〇〇年には公式の場で歌われなくなっていた。帝政には公式の国歌がなかったのである。だが、帝政樹立後も、共和政的な装いの払拭は容易ではなかった。そもそも帝政樹立にともなって成立した共和国第一二年憲法では「共和国政府はフランス人の皇帝という称号をもつ皇帝に託される」とあった。共和暦は一八〇五年末まで公式に使われ、共和国という表現は一八〇七年まで公文書や貨幣で使われていた。その後も世襲君主政の原理に依拠する度合が高まっていっても、国民主権の原理を否定することはついになかったのである。

野営地での執務

帝政が樹立されても、政府の運営はそれほど変わらなかった。パリにいる時、ナポレオンの活動の大部分は公務にあてられた。ナポレオンと大臣との仕事の基本部分は統領政府期に慣例化された行政顧問会議のなかで処理された。一八〇五年以降、戦闘のためパリから離れることが多くなったが、戦場でもナポレオンは国を率いる意欲を示し、野営地でテントを張ってそのなかで命令をくだす場合もあった。毎日パリから伝令が皇帝のもとに到着し、閣僚の仕事を報告

▼**帝国大法官**　名称はカロリング朝時代の官職に由来。職務は明確に規定されていないが、重職。カンバセレスはすべての問題でナポレオンの相談を受けた。

しに来る国務院傍聴官の訪問も定期的に受けた。それでも決定を出すのが遅れがちになったり、行政の円滑な進行が妨げられたりした。激務のためにナポレオンは急速に老けていった。実際、一八一二年のダヴィドの絵「チュイルリ宮の執務室にいるナポレオン」(五三頁参照)では、髪の毛が薄く、腹も出ている。細身の颯爽とした青年将軍の面影はそこにはない。ナポレオンがパリにいない時、公務の執行は帝国大法官▲という官職を与えられたカンバセレスにまかされた。もっともナポレオンの名代のカンバセレスの権威が国内でどれだけ尊重されたのか、疑問が残るところであろう。地方では、知事は文字どおり地方の絶対君主になった。とくにパリから遠く離れている知事は中央も十分監督ができなかった。その権限が大きすぎるため、権力の濫用にナポレオン自身が懸念を示すほどであった。

名望家と帝政貴族

ナポレオンは旧身分や地方的な対立などをこえた新しい支配階層の育成にとりかかった。ナポレオン期のフランスの土台となったのは、「名望家」と呼ばれ、地主であることが共通点であった。ブルジョワジーを中心に旧貴族や富裕化した農民も含まれていた。郡と県の選挙会のメンバーの研究から、その数はおおよそ七万人ほどであったと計算されている。ブルジョワのなかには医者、弁護士、公証人などの専門職、官僚、貿易商人、実業から身を引き、地代で生活している地主であり、工業や投機で富をえた人々は多くはなかった。この名望家のなかには貴族もたくさんいた。ナポレオンがとった寛大な措置によって、帰国する亡命貴族の数は増加した。一七八九年の時点で比べれば減っているとはいえ、貴族の財産は相当なもので、しばしば名士のリストの筆頭に名前が載っていたのである。

帝政期のフランスは社会的上昇に有利な時代であったという印象が残されている。こうしたイメージをつくったのは軍隊における出世であり、たしかに、ナポレオン時代、立身出世の一番の早道は軍隊に入り、軍功をたてることであった。だが、二六人の元帥の半分は上流ブルジョワ、あるいは貴族の出身であった。士官についても同様で、一七九三年と一八一四年を比べてみると、ブルジョワ出身が増加するのに対して、民衆階層出身の割合は半減し、全体の五分

●――ダウィド「チュイルリ宮の執務室にいるナポレオン」（一八一二）

の一になっている。一兵卒から士官になる可能性が革命期に比べて減少したのは、理工科学校▲の改編や、サン＝シール陸軍士官学校▲の設立など、士官養成教育が整備され、高額の教育費の負担にたえられる富裕層に有利になったためである。士官は交際関係を監視され、結婚も規制を受けたが、俸給は悪くなく一定の安楽さを享受できた。将軍になれば知事の俸給の五倍をとり、爵位を授与された。他方、軍隊は帝政の諸制度の原型として役立った。官吏は軍隊的な厳しい規律に服し、わずかなあやまちでも厳しく処罰された。

　ナポレオンは地方レベルの名望家に加えて、さらにレジオン・ドヌール勲章▲（一八〇二）と帝政貴族の創出（一八〇八）によって全国的なレベルの名望家層の創出をめざした。帝政貴族はアンシャン・レジームの貴族と革命以後台頭した新しいエリートの融合をめざしたものであった。約三六〇〇の爵位が創設され、叙爵された者のなかには名門大貴族や政治家フーシェ、画家のダヴィドといった帝政を支えた名士が並んでいる。叙爵者を職業別でみれば大半は軍人で、続いて高級官僚が多かった。社会層別ではブルジョワジーが過半を占めているが、実業ブルジョワの叙爵は少なく、一八〇九～一〇年以降増加するにすぎない。

▼理工科学校　一七九四年に創設。数学、物理、化学を教え、軍の砲兵将校や工兵将校の養成と、技師を養成した鉱山学校、土木学校に入るための準備教育をおこなったエリート教育機関。ナポレオン時代には制服着用が義務付けられ、全寮制になった。自然科学の分野で国際的な名声を獲得した。

▼サン＝シール陸軍士官学校　一八〇二年に創設。〇八年にパリ近郊のサン＝シールに移転。一六歳から一八歳までの生徒を収容。第二次世界大戦後、ブルターニュに移転されたが、サン＝シールの名前は残っている。

▼レジオン・ドヌール勲章　レジオンは古代ローマの軍団を意味する言葉、Legio に由来。同時に中世以来の宗教騎士団の伝統もひいている。フランス革命期に騎士団と勲章は廃止されていた。ナポレオンはレジオン・ドヌールに入る栄誉を、軍人だけでなく、様々な社会集団に属する人びとに与えた。帝政貴族が創設されると、レジオン・ドヌールのメンバーには騎士の爵位が与えられた。

なお公文書の上では「貴族」という言葉は注意深く避けられ、叙爵は身分的特権はともなわず、授与されたのは貴族身分ではなく、あくまで「爵位」であった。

新旧貴族の融合は部分的な成功にとどまり、帝政末の危機のさいに、期待されていた王朝の藩屏としての役割をはたさなかった。それでも、長期的にみれば、新旧貴族の融合は時間をかけながらも進み、帝政貴族の爵位は帝政崩壊後も使われ続けた。旧貴族との通婚をつうじて十九世紀の上流社会のなかに新貴族は根づいていくのである。

エリート教育

帝政は代訴人、公証人、執達吏、弁護士の専門職を組織した。フランス革命期に廃止された弁護士会が復活したのは一八一〇年と遅く、しかも、会長は、検事長が任命するなど制約が多かった。それでも、ナポレオンが弁護士の有用性を理解していたことは指摘しておいてよいだろう。

同様に、ナポレオンは将来のエリートを養成するために教育制度を整えた。

▼**ソルボンヌ大学**　正式にはパリ大学。ソルボンヌはパリ大学の学生寮(学寮)の一つで、一二五七年に創設された。ソルボンヌ学寮での授業が有名となり、やがてパリ大学の別名となった。近世に入り、他の大学と同様に沈滞し、学生数も減少していた。

▼**帝国ユニヴェルシテ**　Université と単数形で書かれる。フランスでは個別教育機関に「ユニヴェルシテ」という名称がふたたび公式に与えられるのは一八九六年のことである。地方行政機関を持ち、全国は三二の管区に分けられた。こうした中央集権的構造は、現在でも受け継がれている。

▼**バカロレア**　中世の大学の教養課程に当たる学芸学部の卒業生に与えられた学位に由来する。中等教育修了証ではなく、創設当初から現在に至るまでフランス高等教育の最初の学位である。

一七九三年に名門ソルボンヌ▲をはじめ大学が廃止され、医者、法曹の専門職養成が困難になっていたのである。まず、一八〇二年に国立の中等学校リセを設置した。リセは官僚と士官、すなわち国家機構の将来の幹部を養成する機関として位置づけられた。リセではアンシャン・レジーム期のイエズス会の学校と同様に、日本のエリート教育における漢文に相当する、古典人文学、すなわちラテン語とギリシア語が重視され、同時に生徒に軍服に似せた制服着用の義務を課し、学校生活に軍隊的な規律が導入されることになった。一八〇六年には、中等教育以上の教育を管轄する教職員の自律的団体である帝国ユニヴェルシテ▲(大学)が創設された。帝国ユニヴェルシテのなかには法学部、医学部、神学部、文学部、理学部の五つの学部(ファキュルテ)の高等教育機関も含まれており、革命期に廃止された大学が部分的に復活することになった。ただし、総合大学は復活せず、法学部と医学部は専門学校の扱いであったし、文学部と理学部には登録学生はほとんどいなかった。〇八年には、学部進学資格としてバカロレア▲が創設され、同時に帝国ユニヴェルシテは学位授与を独占し、教育に対する独占的な監督・規制の権限が与えられた。帝国ユニヴェルシテは軍隊と同様位

▼**グランド・ゼコール**　国家を担う少数のエリートを養成するため設置された高等教育機関。アンシャン・レジーム期に設立され、現存する鉱山学校、土木学校などの専門大学校が起源。国際的名声をえていくグランド・ゼコールに対して、総合大学が復活しなかった大学セクターは高等教育や学術研究で従属的地位に置かれることになった。高等教育のこうした二重構造は現在でも変わらない。

階制をとり、士官と同様にリセの教授は制服着用が義務化づけられ、厳格な規律を課されていた。アンシャン・レジーム期に生まれたグランド・ゼコール▲は革命後も存続し、新たに創設された理工科学校と高等師範学校が、ナポレオン時代に改編・整備されて学術研究をリードすることになる。

農民と都市民衆

ナポレオンの権力はブルジョワジーと裕福な農民層の同盟に依拠していた。フランス革命前夜において農民の所有地は全国平均で三五％であったが、この土地にも封建地代が課せられていた。フランス革命によって封建地代は廃止されたものの、地主制には手がつけられず、借地や小作経営地が広く残されることになった。それでも、教会財産や没収された亡命貴族の財産からなる国有財産の購入、さらには困窮した貴族が手放した土地の購入をつうじて、農民の所有地は十九世紀初めに約四〇％に達したと考えられている。帝政も農民層の支持の重みをよくわかっており、国有財産の売却を続けて小土地所有の拡大を促進した。当時のフランスはまだ大部分が農村であり、三〇〇〇万近くの人口のうち、二四〇〇万人以上が人口五千人未満の、主要な産業が農業と農業関連産業である市町村で生活し、そのうちの一八〇〇万人が直接に農地での労働で生計を立てていた。封建的特権の廃棄によって農民の負担は軽減され、ナポレオン時代には都市の需要に加えて軍の需要で農産物は高騰し、農民の生活水準も上昇した。ナポレオン時代には、併合地域出身者を除けば、のべ二〇〇万人が兵士として動員され、傷病死を含めて六〇万人から七〇万人が戦死したと推定されるが、農村はこの兵士の主たる供給源でもあった。だが、戦場は遠く、戦闘の苛酷さは農民の想像力の外にあり、戦勝の知らせに愛国心が高揚しても、体制への不満は一部を除いて大きくはならなかった。農民は秩序を回復し、フランス革命の成果を守ったことでナポレオンに感謝していた。ナポレオン神話が浸透していくのはこの農民層であった。逆にブルボン家や亡命貴族の帰還は、純然たるアンシャン・レジームの復活を意味していた。

帝政期に選挙がなくなったわけではなく、一八〇二年に改正された選挙法によって定期的にカントン（いくつかの町村が集まって構成される行政単位）、郡、県の各段階の選挙会が開催された。県選挙会と郡選挙会は名望家しか参加できず、立法院、護民院、元老院の議員候補者を提案するだけであったが、選挙会の議論は活発であった。これに対して、すべての男性成人が出席できたカントン選挙会は棄権が多かったが、それはカントンの中心都市に出かけるだけで、二、三日仕事を休まねばならなかったからである。さらに選挙の慣行も未発達であった。私人の家、しばしば公証人か国家を代表する人物の家が投票所となり、公権力は密閉された投票箱を推奨したが、投票箱は値段が高く、多くの自治体は投票箱購入費用を惜しみ、投票用紙は花瓶や籠のような出来あいの用具で集められることが多かった。それでも、第一帝政は、それなりのやり方で、投票の慣行をフランス人のなかに定着させていったのである。

ナポレオンは、一七九二年八月十日の革命（一三頁参照）の際の大量殺戮を目撃して以来、パリ民衆に対して強い不信感をいだいており、その動向には警戒を怠らず、カフェ▲を監視の対象にした。もっとも、ナポレオンに対する表立った敵意はパリの中小ブルジョワにかぎられ、労働者はむしろ体制に対して熱心な支持者であった。一連の即位祝賀行事への反応を見て、ナポレオンはパンと娯楽で民衆を手なずけることができることを理解した。パン価格にたえず注意

▼**カフェ**　パリにカフェが登場したのは一六七二年のことで、一七八九年には六〇〇〜七〇〇軒あったと言われる。フランス革命期にはジャコバン・クラブなど政治結社が根城にした。

し、ときには価格を下げるために、ためらわずに介入し、失業対策の大規模土木事業も増やしている。

芸術・文化活動と社交生活

帝政期に入ると、ナポレオンは検閲だけでなく、資金援助などをとおして芸術・文化活動を再編し、政府の統制下におこうとした。たとえば、劇場は手厚い財政援助を受ける一方で、格付けされて数も制限され、内務省によってオペラ座を含めパリの劇場のレパートリーは、劇場ごとに決定されることになった。また、巨額の資金を投じて収集された美術品や、イタリアなどから戦利品として奪った傑作でルーヴル美術館▲の所蔵品は急増していった。学術の世界の頂点には学士院があったが、ナポレオンは、統領政府期に反対派にまわったイデオローグの牙城になっていた道徳政治部門を一八〇三年に廃止し、学士院を四つの部門に再編している。学術や教育問題で重要な諮問機関であったが、それ以降、学士院会員となるためには、学問的成果よりも体制への支持が重要な基準となった。

▼**ルーヴル美術館**　一七九三年に開館。一八〇三年から帝政崩壊までナポレオン美術館と呼ばれていた。

皇帝権力はアソシアシオン▲を反体制の潜在的な巣窟とみなして監視の対象にし、民衆協会▲は警察大臣フーシェによって弾圧され統領政府期に姿を消した。ただし、フランス革命で解き放たれたフランス人の旺盛な社交活動を抑えることができず、表向きの活動が政治問題から遠ければ黙認し、とくに学術文化団体は公式に認可して発展を促すこともあった。たとえば、「学会」と呼ばれる、学術を愛好する地方名士の団体があげられる。一七九三年に廃止された学会は、総裁政府期に復活した。その数は一七九九年に五〇しかなかったが、公的な認知を与えられて、一八一〇年には一〇〇に倍増している。

　この時期にもっとも発展したのはフリーメーソン▲である。恐怖政治で弾圧された後、フランスのフリーメーソンは総裁政府期に少しずつ再建されていた。ナポレオンはフリーメーソンを厳しく監視すると同時に、体制支持組織に変えようとした。フリーメーソンはボナパルト派の政治組織の代わりとして機能し、高級官僚、軍人、専門職、商人が加入し、皇帝崇拝をおこない、「ナポレオン」「大ナポレオン」「聖ナポレオン」など直接皇帝を指す名前を採用しているロッジ（会所）も多かった。フリーメーソンの中心人物は、古くからの会員であるカ

▼アソシアシオン　英語のアソシエーションに相当。地縁・血縁・宗教・職業などによる強制ではなく、自発的な意思にもとづいて組織された、自律的な団体。一八三〇年代、四〇年代にはとくに社会的協同組織の意味で使われ、初期社会主義者の社会改革プランや未来社会構想のなかでキー・タームとなった。

▼民衆協会　ジャコバン・クラブは会費が高く、一般民衆はなかなか入れなかった。そこでもっと会費の安い民衆向けのクラブが数多く設立された。

▼フリーメーソン　十七世紀末から十八世紀にかけてイギリスで生まれた新しいタイプの団体。もともとは石工の職人組合であったが、この組合で使われていた神秘的なシンボルや奥義に惹かれてジェントルマンが加入し、上流階級の社交の場をかねた秘密結社にした。フランスには一七二五年に伝わっている。フランス革命が起こると、大半の会員は革命を支持したが、革命の急進化にともない、弾圧を受けた。

ンバセレスであり、一八〇五年にはナポレオンの兄のジョゼフ▲が二大組織の一つ、フランス大東会のトップの地位についている。こうしてロッジの数は増え続け、一八〇六に六六四、一八一四年には一二一九のロッジになっており、帝政期はフランス・フリーメーソンの黄金時代とされている。

　革命期に解散させられたサロン▲も少しずつ復活していった。サロンは比較的自由にものがいえる数少ない空間の一つであり、警察の監視を受けながら、パリの有名なサロンには亡命から帰国した貴族など反対派が集まった。これに対抗して、ナポレオンは元帥や帝政貴族にパリに居を構えさせ、サロンを開くように奨励した。政府派のサロンに頻繁に出入りすると宮廷に招待されることもあった。そのほか、多くの都市で、イギリスのクラブをモデルにしたサークル▲と呼ばれる集まりのなかで、男性たちは定期的に議論したり、トランプやビリヤードなどをして遊んだり、また単に飲み食いしていた。ほかには、コンコルダの締結とともに、信心会▲、慈善団体などの宗教的団体が復活し、農村部を中心に増加していった。

▼ジョゼフ・ボナパルト（一七六八〜一八四四）　ナポリ・シチリア王在位一八〇六〜〇八、スペイン王在位一八〇八〜一三。フランス本土の神学校で学んでいたが、父の死後、イタリアのピサにわたって法学を学び、コルシカ島で弁護士となった。総裁政府期にはコルシカ島から五百人会議員に選ばれている。

▼サロン　アンシャン・レジーム期に始まる都市の貴族やブルジョワの館でくりひろげたれた社交生活、あるいはその場所。女性がホスト役をつとめ、男女の招待客を呼んで、飲食しながら談論した。コンサート、演劇、詩の朗読、科学的講演など文化的な催しがともなった。本来は非政治的であるが、帝政下のサロンは反対派が集まる場所となった。

▼サークル　クラブと同様に、英語に由来する言葉。サロンとは違い、男性だけが集まり、ブルジョワに特有の社交形態であった。クラブとサークルの間に違いはないが、フランスではクラブは政治結社を意味するようになったので、十九世紀ではかわって「サークル」という言葉が使

われるようになった。

▼**信心会**　相互扶助や地方の伝統文化の継承などを目的とし、祭りや葬儀で中心的な役割をはたしたカトリック信者の組織。革命期にはほとんど消失していたが、コンコルダの締結直後から、とくに南東部で再建されはじめた。

▼**ジュルダン法**　二〇歳から二五歳までの独身男性を対象にして、はじめて兵役が義務化された。テルミドールのクーデタ後、士気の低下で兵士の確保に苦しむようになっていた。

⑤—大陸制覇

戦争の再開

フランスで徴兵制がしかれたのは一七九八年のジュルダン法▲によってである。ジュルダン法は統領政府期に整備されて、短期間のうちに大量の兵士を徴募できるようになった。徴兵検査では健康診断がおこなわれ、兵役に適した健康な若者だけが徴兵されるようになった。年間の徴集兵は一八〇五年までは約三万人、一八一〇年までに年平均八万人に達し、同じ年齢層の男性の三〇%におよんだ。やがてヨーロッパのほかの国々もこうした上意下達式の徴募方法の真似をすることになった。

一八〇三年には早くもアミアンの講和が破れて、イギリスとの戦争がふたたび始まった。戦争が再燃した最大の要因は英仏二大国の経済的利害の衝突とヨーロッパの将来構想の不一致であろう。フランス革命期とナポレオン時代をつうじてフランスの主要な敵国はイギリスであり、ナポレオン時代の戦争は十八世紀に始まる両国の覇権争いの最終局面でもあった。イギリスはヨーロッパ大陸については自由貿易と勢力均衡の原則の維持を求めていた。これに対して保護貿易を望むフランスはヨーロッパ市場をフランスの貿易商人と生産者のために独占しようとした。ナポレオンは総裁政府と同様に革命理念の輸出を続けながら、イギリスに対する経済的な立ち遅れを国家主導で取り戻そうとし、イギリスからの工業技術の導入など積極的にフランス工業の保護育成政策をとった。

またかつての植民地帝国の復活も企て、一八〇二年には、国民公会が出した奴隷制廃止を撤回した。これには、マルチニック島出身のジョゼフィーヌを頼りにした植民地の実業家によるロビー活動が大きかったといわれる。同年九月には黒人が支配するカリブ海のサン＝ドマングに三万人の大軍を派遣した。しかし遠征は失敗し、逆に、一八〇四年、史上初の黒人共和国（ハイチ共和国▲）の独立をまねいてしまう。さらに、そのほかの海外植民地も制海権を握っていたイギリス軍に次々に占領されることになる。

大陸ヨーロッパでナポレオンの野望をはばむ最大の障壁はロシアであった。またロシアは黒海と地中海方面への進出の野心を隠さなかった。イギリスとロシアというヨーロッパの周縁に位置する二つの国はフランスのヘゲモニーにし

▼**ハイチ共和国**　フランス領サン＝ドマングが独立して建国。フランス領サン＝ドマングは十七世紀にスペイン領エスパニョーラ島の西三分の一ほどを奪ったのが起源で、十八世紀には世界最大の砂糖きび生産地となった。フランス革命が起こると、黒人奴隷が反乱を起こし、これがきっかけになって一七九四年に国民公会は奴隷制を廃止した。

たがおうとはしなかったのである。これに伝統的な王侯君主同士の交渉による解決がすでに時代遅れとなり、国際法の空白状態となっていたことも紛争の平和的解決を困難にしていた。

一八〇五年には、ロシアのイニシアチヴで第三回対仏大同盟が結成された。同年春にまずロシアとイギリスが対仏同盟を結び、それにイタリア中部へのフランスの侵出の脅威を感じたオーストリアが加わったのである。さらに十一月にはプロイセンとナポリ王国が対仏同盟に加わった。なお、第三回対仏大同盟にはスウェーデンが参加したが、バイエルンなど南ドイツ諸邦は加わっていない。

一八〇五年十月二十一日、スペインのカディス港の沖合でイギリスとの海戦がおこなわれた。ナポレオンはイギリス上陸作戦を計画し、艦隊を英仏海峡に集結させようとした。ところが、フランス海軍の最重要部分がイギリス艦隊によってカディス港に閉じ込められ、カディス港から脱出しようとして、イギリス艦隊と戦火をまじえることになった。これが有名なトラファルガー沖の海戦であり、ネルソン提督率いるイギリス海軍が圧勝し、フランス海軍は壊滅状態になった。なお、この海戦でイギリスが破ったのはフランス単独の艦隊ではなく、カルロス四世▲治下のスペインとの連合軍であった。スペインは海外植民地をめぐってイギリスと交戦状態にあったが、この海戦後、アメリカ領植民地との連絡を絶たれた。他方、一隻も失わなかったイギリスは制海権を掌握したうえに、スペイン領アメリカを支配し、戦死したネルソンは国民的英雄として称えられることになる。

ドイツの再編

イギリス軍に敗北したフランス軍であったが、大陸では優位に戦いをすすめ、同年十二月二日、すなわち一年前に戴冠式がおこなわれた記念日にアウステルリッツの戦い▲でロシア・オーストリア連合軍に勝利した。アウステルリッツの戦いはナポレオンのヨーロッパ外交の転換点となった。これ以後、ナポレオンは膨張主義的政策をとり続け、伝統的な勢力均衡政策に固執したタレーランとの亀裂を深めていく。一八〇六年にはナポレオンはナポリ王国の首都ナポリを陥落させ、ナポリ王家はイギリスの保護下にあったシチリア島に亡命している。

▼**カルロス四世**（一七四八〜一八一九、在位一七八八〜一八〇八）　カルロス四世治下のスペインはフランスと一七九六年に講和を結び、同盟国となり、イギリスに共同で対抗することになった。

▼**アウステルリッツの戦い**　一八〇五年十月十九日にウルムの戦いでオーストリア軍の主力を降伏させたのちに戦われた。フランス、ロシア、オーストリアの三人の皇帝が戦場に居合わせたので三帝会戦とも呼ばれる。フランス革命の原理擁護を掲げて戦われた最後の大きな会戦となった。

ナポレオンは、ヨーロッパを政治的に再編し、「姉妹共和国」を王国に変え、新しい征服地を君主政の衛星国家にして、それぞれに君主に兄弟など一族の者をすえて、婚姻政策をつうじて従属国のとの結びつきを強めていった。こうした慣行は一八〇五年に始まり、一八〇七年以降本格化した。

この時期に、神聖ローマ帝国は一八〇二年帝国代表者会議の決定による大規模な領土の変更によって、すでに崩壊への歩みを速めていた。この決定では、フランスの攻勢を利用しながら、プロイセンやヴュルテンベルク、バーデン、バイエルンなどが領土を広げていた。さらに、アウステルリッツの戦勝のあと、ナポレオンはドイツ領邦の統廃合をおこなった。このドイツの再編では、バイエルンは領土を拡大し、ヴュルテンベルクとともに王国になっている。一八〇六年七月十二日には、ナポレオンを「保護者」とするライン連邦が結成され、神聖ローマ帝国が解体されることになった。ライン連邦を脅威と感じたプロイセンは、八月二十六日、連邦の解体を求めてフランスに最後通牒を出した。フリードリヒ大王以来のプロイセン陸軍の名声はまだ揺るぎないものがあったが、実際には戦術、装備の点で進歩がなく、士官団も老齢化が進んでいた。フランス軍は十月十四日イエナ・アウエルシュテットの会戦でプロイセン軍に壊滅的な打撃を与えた。

一八〇七年にはフランス軍はポーランドに侵攻し、同年七月にロシア、プロイセンとそれぞれ講和(ティルジットの和約)を結び、ワルシャワ公国が誕生した。領土はかつてのポーランド王国の領土にくらべ小さく、しかもフランスに従属していたのでポーランドのエリートには失望感が広がった。だがそれでもなお彼らはナポレオンへの期待を捨てなかった。ドイツ西部ではプロイセン領であった領地を主なもととしてウェストファリア王国が成立し、ナポレオンの末弟のジェロームが王位についた。こうしてプロイセンは東部と西部で領土を失うことになった。他方、ティルジットの和約によってフランスとロシアの同盟が成立し、ロシアは大陸封鎖に加わることを約束し、またヨーロッパのなかにあるオスマン帝国領を両国で分割することが想定されていた。

一八〇七年にはアメリカ大陸の植民地を失った代償を求めていたスペインの軍とともにポルトガルに侵攻した。ポルトガル王家はイギリス艦隊に保護されて植民地のブラジルに逃げ出さざるをえなくなった。

▼イエナ・アウエルシュテットの会戦　イエナはエルベ川の支流、ザーレ川のほとりにある都市。同じ日にその北方のアウエルシュテットでも戦闘が展開された。この戦勝のあと、十月二十七日にナポレオンはプロイセンの首都ベルリンに入城した。

▼ティルジットの和約　ロシアとは七月七日、プロイセンとは七月九日にそれぞれ講和条約を結んでいる。七月七日のロシアとの和約に先立って、六月二十五日にニエメン川に浮かぶ筏の上でナポレオンとロシア皇帝の会談がおこなわれた。オーストリアとの同盟を重視するタレーランは、ロシアとの同盟に反対し、この和約のあと、外務大臣を辞めている。

▼ワルシャワ公国　ロシア、プロイセンなどによる三度にわたる分割で一七九五年にポーランド国家は消滅していた。ザクセン王が君主を兼ねたが、一八一三年、ロシアの侵攻を受けて降伏し、崩壊した。「大公国」と書かれることもあるが、正式国名では「公国」である。

大陸封鎖

一八〇六年十一月二十一日、ナポレオンはベルリンでイギリス諸島の封鎖令を出した（「ベルリン勅令」）。いわゆる大陸封鎖である。大陸封鎖によってフランスは同盟国にイギリス商品やイギリス経由の商品の輸入禁止を強制した。ナポレオンは競争力に乏しいフランス工業を保護し、大陸の市場を確保しようとしたのである。しかし、イギリスと大陸の密貿易を完全には取り締まることはできなかったうえ、フランス工業はかならずしも大陸において競争力の点で優位にたっていなかったため市場として確保できなかった。

一八〇〇〜一〇年の時期はフランスの工業が成長した時期でもあった。先端産業は繊維工業であり、労働者の半分以上を雇用していた。羊毛産業は衰退が始まっていたが、ノルマンディーや北部の綿工業が発展の最中にあり、とくに大陸封鎖による市場の拡大で多大の恩恵を受けた。製鉄業と化学工業も、イギリスに比べればかなり遅れているが、発展をとげている。

イギリスは農業技術の革命▲と産業革命▲を経験し、全世界に張り巡らした貿易と金融のネットワークを持ち、植民地貿易を支配していた。大陸封鎖の経済的

▼ウェストファリア王国　プロイセンに対する防護の盾の役割とともに、フランスの優越を示すモデル国家としての役割も与えられた。フランスへの苛酷な税の支払いや、重なる派兵など戦争協力の負担が重くのしかかり、民衆の反乱が相次ぎ、一八一三年十月のライプチヒの戦いのあと、プロイセンによって占領され、解体した。

▼ジェローム・ボナパルト（一七八〇〜一八六〇）　ウェストファリア王（在位一八〇七〜一三）。家族の同意なしにアメリカ人女性と結婚するが、ナポレオンに離婚させられる。ウェストファリア王になる直前に、ヴュルテンブルク王国の王女と結婚。

▼農業技術の革命　十七世紀の後半から十八世紀にかけてイギリスでは新しい農法が普及し、穀物生産を増大させていた。

▼産業革命　手工業から機械制大工業への移行と、それにともなう産業・経済・社会の大きな変革。十八世紀後半のイギリスに最初に始まり、綿工業を中心に展開していた。

影響は少なくなかったが、議会制がうまく機能し、同時に新聞による徹底した反ナポレオン宣伝が功を奏して、世論は反フランスでかたまっていた。

大陸内部ではフランス領に編入されたライン左岸地域は完全にフランス化され、フランス民法典が施行されたが、同様に、ナポレオンはフランス民法典を、イタリア王国、オランダ王国、ナポリ王国、ウェストファリア王国で採用させた。また、これらの王国と、従属国家であるワルシャワ公国はフランスをモデルにした憲法を持つ立憲君主政になった。

ナポレオンは法律面だけでなく、言語でもヨーロッパを統合しようとした。たとえばドイツ語圏のウェストファリア王国でも政令などがフランス語で書かれ、ドイツ語訳の政令を読まなければならなくなった住民の誇りを傷つけることになった。もっともフランス語の強制は、ピエモンテ地方のようにもともとイタリア語よりもフランス語に近い地方語を話していた地域のエリートにとってはそれほど深刻な問題ではなかったという。

ヨーロッパの主要都市を結ぶ道路網の建設と整備も焦眉の課題であった。ナポレオン時代ではシンプロン峠やモン＝スニ峠のようにアルプス越えの道路が整備されたことが特筆される。こうしてパリからドイツ、イタリア、スペインに放射状に延びる道路網が整備され、パリとアムステルダム、ハンブルク、マドリード、ミラノ、ローマを結んだ。道路整備だけでなく、旅行の安全も格段に改善された。一七九九年の時点では盗賊があらわれて乗合馬車が襲われる危険のない街道は珍しかったが、陸軍の管轄下にある憲兵隊が街道の治安維持にあたることになり、この種の苦情はなくなっていった。

国民意識の覚醒

フランスが支配する大陸諸国では、濃淡の差はあれ、さまざまな改革がおこなわれた。ライン連邦諸国では、ドイツではじめての自前の憲法を採択したバイエルン王国の改革が注目される。ティルジット条約で領土を半分失ったプロイセンではシュタインとハルデンベルクに率いられ、農民解放令、内閣制の確立、など一連の近代化改革が開始された。フンボルトによる教育改革が始まったのも同時期である。こうしたなかで、哲学者フィヒテ▲が『ドイツ国民に告ぐ』と題する連続講演をおこなって、ドイツ人の国民意識の覚醒を訴えた。た

▼フィヒテ　一七六二〜一八一四　カントの影響を受け、自由主義的な哲学者として名を馳せた。フンボルトが一八一〇年に創設したベルリン大学の哲学教授にむかえられている。

だし、この段階では「ドイツ国民」はまだフィクションの域を出ておらず、近代化が進んでいたプロイセンでさえ、諸邦の集合的性格を色濃く残していたことを忘れてはならない。

ナポレオンの大陸支配はつかの間のものであった。最初に大きな反乱が起こったのはスペインにおいてであった。一八〇八年、国内の紛争が激しくなり、スペイン国王カルロス四世は息子のフェルナンドに譲位しようとした。この王位継承にナポレオンは介入し、同年三月、カルロス四世とその息子フェルナンド七世をフランス領のバイヨンヌに呼び寄せ、兄のジョゼフを王として押しつけた。権利を放棄させられた父子はフランスに亡命することになった。五月二日、フランスの策謀に怒ったマドリードの市民が蜂起し、翌日、これをナポレオンの義弟のミュラが率いるフランス軍が徹底的に弾圧した。だが民衆蜂起によって新王ジョゼフは首都を放棄しなければならなくなった。ナポレオンがスペインに直接介入してマドリードは取り戻したものの、イギリスに支援されたゲリラ活動の鎮圧はすすまなかった。ローマ教皇ピウス七世▲との関係も悪化し、一八〇九年にはナポレオンは教皇を幽閉したため、カトリック教徒の間には反

▼**ピウス七世**（一七四二〜一八二三、在位一八〇〇〜二三）　イタリアの貧しい貴族の家に生まれる。著名な神学者となり、啓蒙思想にも理解を示し、ディドロが編纂した『百科全書』にも寄稿している。一八〇九年五月のローマ教皇領併合に反発して、六月にナポレオンを破門。同年七月、ナポレオンの命令で逮捕され、八月に北イタリアのサヴォーナに幽閉される。

▼**フランツ一世**(一七六八〜一八三五、在位一八〇四〜三五)　神聖ローマ皇帝としてはフランツ二世(在位一七九二〜一八〇六)。神聖ローマ皇帝崩壊後はオーストリアとハンガリー王国を中心にオーストリア帝国を再編した。国政は宰相メッテルニヒにまかせた。

ナポレオン意識が広がっていった。

アウステルリッツ敗戦後の三年間に、フランツ一世▲のオーストリアは軍隊を近代化し、開戦に備えた。ナポレオンは急いでスペインから引き返し、一八〇九年七月六日、ドナウ河流域のワグラムの戦いでオーストリア軍に勝利をおさめた。バイエルンによって併合されていたチロル地方やウェストファリア王国とその周辺でも反乱が起こったが、ナポレオンの支配を揺るがすにはいたらなかった。一八〇九年十月十四日にウィーンで講和条約が結ばれ、オーストリアはライン連邦にもいくつか領土を譲渡したほかに、アドリア海沿岸のトリエステやフィウメを失い、海洋への出口を奪われた。ガリツィアも失い、ワルシャワ公国とロシアによって分割されることになった。

オーストリア皇女との結婚

他方、大陸を制覇し、絶頂期にあったナポレオンは、帝位を継ぐ能力のある者は兄弟のなかで誰ひとりいないと思うようになり、直系の子孫をえる必要があると認識するようになった。一八〇九年夏に、愛人のポーランド女性ヴァレフスカ伯爵夫人▲の妊娠がわかり、父親になれる自信をえたナポレオンはジョゼフィーヌと離婚する意志をかためた。だが、ポーランド国家再建の夢を託された女性との密接な関係は、ロシア皇帝の気分をそこねる一因にもなった。

ナポレオンは最初、ロシア皇帝の妹との結婚を望んだが、ロシア側の躊躇にあってうまくいかず、結局、一八一〇年に、当時一八歳であったオーストリア皇女マリー＝ルイーズ▲を妃としてむかえることになった。これはロシア重視からオーストリアとの同盟への外交戦略の変更を意味していた。ルイ十六世とマリー＝アントワネットの結婚を思い起こさせる縁組は、皇帝の取り巻きのなかでも賛否が分かれ、フーシェ、ミュラ、カンバセレスが強く反対し、タレーランとタレーランを継いで外務大臣になったシャンパニ▲が賛成した。一八一〇年、サン＝クルー宮で民事上の儀式がおこなわれたあと、結婚式は四月二日、ルーヴル宮の礼拝堂でおこなわれた。こうして、ナポレオンはアンシャン・レジームの君主政原理にいっそう依拠するようになるが、結局、帝政の永続化には役立たなかった。軍事的敗北による帝政の崩壊は、ナポレオンの権力の最終的なよりどころが軍事力であったことを示している。

▼マリ・ヴァレフスカ伯爵夫人（一七八六～一八一七）　ワルシャワに進軍したナポレオンは一八〇七年一月、舞踏会に出席していた夫人に一目ぼれした。ナポレオンの求愛を拒んでいた夫人であったが、ポーランド国家復興を願う周囲の説得にあって、愛人になることを受け入れた。

▼マリー＝ルイーズ（一七九一～一八四八）　オーストリア皇帝フランツ一世の娘。ナポレオンとの間に男子をもうける。一八一四年四月にナポレオンが退位したあとは、父の手によって息子とともにフランスから離され、ナポレオンとの関係を断った。その後ウィーン会議によってパルマ公国の統治をまかされ、その君主となっている。

▼シャンパニ（一七五六～一八三四）　貴族出身の軍人。フランス革命期の立憲議会議員。ブリュメールのクーデタ後、国務院に登用され、帝政期は内務大臣、外務大臣（一八〇七～一一）などを歴任した。ナポレオン没落後も政界にとどまり、復古王政、七月王政では貴族院議員であった。

ナポレオンの大陸制覇(一八一二年のヨーロッパ)

ナポレオンは一八〇五年以降従属的な君主政国家建設をはかったものの、直接的な併合政策はとらなかった。しかし、一八〇八年からふたたび併合政策をとるようになった。これは大陸封鎖がうまくいかず、沿岸地域のコントロールの必要からおこなわれたものであった。フランス帝国は一八〇八年イタリア中部を、一八〇九年五月には教皇領を併合し、教皇領の北部はイタリア王国領に、ローマ地方はフランス帝国領とした。最大の変更があったのは北ヨーロッパで、オランダとドイツの北海沿岸が併合された(一八一〇)。ナポレオンはオランダ王である弟のルイに大陸封鎖を厳格に実施するように命じたが、ルイはオランダの破滅をもたらす措置をとることができず、オランダの自治を守るため息子への譲位を選んだ。にもかかわらずナポレオンはオランダの併合を決めたのである。さらにジェロームが王位についていたウェストファリア王国の北西部をフランスに併合している。これらのケースをみれば、ナポレオンが兄弟を君主としてではなく帝国の高官とみなしていたことがよくわかる。一八一二年にフランス帝国の版図は最大に達した。領土はハンブルク、バルト海に面するリューベックからローマまで広がり、アドリア海東岸のイリュリア地方も帝国に編

入された。紙の上ではあるがスペインも支配し、東では服属国のおかげでフランスの影響力はロシア国境まで広がったのである。

ロシア遠征

フランスとロシアの関係は悪化していった。両国の摩擦の原因は三つほどあった。一つはポーランド問題であった。ロシアはロシア国境に接してポーランド国家が再建されるのを恐れていた。二つ目は大陸封鎖に関係している。ロシアは一八〇七年まで第一次産品の大部分をイギリスに輸出しており、貿易ではイギリス船舶を利用していた。工業生産力で劣り、穀物も不足していないフランスはイギリスの代わりには所詮なりえなかった。一八一〇年十二月、ロシア皇帝はフランスから輸入される奢侈品、すなわちフランスからの輸入品の基幹部分に課税し、イギリスが隠れ蓑として利用していた中立国船舶に港を開くことを決定した。ロシア皇帝の親族が君主であったドイツ西部のオルデンブルク大公国へフランス軍が侵入したことも両国の対立を深めた要因のひとつであった。きたるべきフランスとの戦争に備えて、ロシアはオスマン帝国と講和を結び、ノルウェー領有を認めることと引き換えに、ベルナドット将軍が国王になっていたスウェーデンを味方に引き入れた。ロシア皇帝アレクサンドル一世▲は三五歳でまだ若かったが、何度かの敗戦できたえられ、ナポレオンの軍隊を広い国土に導きいれる戦略をねっていた。

一八一二年ナポレオンは総数六〇万をこえる兵を率いてロシア遠征に出発し、ニエメン川を六月二四日に渡河して、ロシア領に入った。遠征軍はフランス兵のほか、ドイツ、ポーランド、イタリア兵が加わり、まさしく多国籍軍であり、なかでもワルシャワ公国の貢献が目立っている。大軍ではあるが、かつての国民軍としてのまとまりは失われていた。この遠征は無残な失敗に終わった。ロシア遠征軍は退却を繰り返すロシア軍を追って、九月十四日にモスクワに入ったが、翌日にモスクワが炎上▲した。都市で食糧などの物資を補給しようとしていたロシア遠征軍のもくろみはくじかれた。遠征軍は食糧もえられずに一カ月後、モスクワを撤退し、ロシアから退却せざるをえなくなった。食糧補給もなく、コサック兵士の追撃にあいながら、零下三〇度にもなる酷寒の大地で大陸軍は大量の死者をだした。十二月末にプロイセンにたどり着くことができたの

▼アレクサンドル一世(一七七七〜一八二五、在位一八〇一〜二五)　若い頃はフランス革命に理解を示し、皇帝即位後もしばらくの間はナポレオンに敬意をはらっていた。ウィーン会議でキリスト教にもとづく「神聖同盟」を提唱し、ロシアはオーストリアとともにヨーロッパの反動政治の要となった。

▼モスクワ炎上　火災の原因については長い論争の歴史があるが、現在ではロシア総督ロストプチンの命令によって放火されたとされている。

は数万名であったといわれている。ナポレオンの致命的な誤りは、エジプト遠征と同様に気候条件を考慮しなかったうえに、この戦争がロシア民衆にとって祖国防衛戦争となっている点に気づかなかったことである。

⑥—没落と神話化

第一王政復古

他の諸国でもナショナリズムの高揚がみられた。プロイセン、オーストリアが反ナポレオンにまわり、ライン連邦諸国にも動揺がひろがった。一八一三年にはイギリスの財政支援を受けてプロイセン、オーストリア、ロシア、スウェーデンなどからなる第四回対仏大同盟▲が結成された。プロイセンはフランスに対抗してドイツ人が団結するようにアピールをだし、これにバイエルンが応じ、さらに決戦直前にザクセンが合流した。その年の十月十六～十九日のライプチヒの戦い（「諸国民戦争」）でナポレオンは決定的な敗北を喫した。ドイツ統一はまだ先の話であるが、ライプチヒの戦いはドイツ国民の歴史が始まった時であった。

一八一四年一月にフランスに侵攻した対仏連合軍は、三月三十一日にパリに入城した。事態の急変に対して、それまで帝政を支えていた名望家層に動揺が走り、帝政を見捨て、新しい体制の樹立へと向かった。四月一日、元老院はタ

▼**第四回対仏大同盟**　対仏大同盟は、一七九三年、ルイ十六世の処刑を機に成立した対フランス軍事同盟が最初。第四回は数え方によっては第六回とされることがある。

レーランを首班とする暫定政府の樹立と皇帝廃位を決議し、ナポレオンはついに四月四日フォンテーヌブローで退位した。そして、地中海に浮かぶ小島、エルバ島▲に統治権を与えられてフランスを去っていった。ナポレオン退位後のフランスの体制については王政復古が既定の路線となってはいなかった。ブルボン王政復古にロシア皇帝などが同意したのは、正統主義（革命前の主権と状態への復帰）の原理を掲げたタレーランの力が大きかった。そして彼の背後には、王政復古と引き換えに個人的利害とフランス革命の成果を守ろうとしていた元老院議員の多数派がいた。

　五月三日、ルイ十八世▲が、反革命の旗印であった百合の紋章のついた白旗のはためくなか、パリに入城し、六月四日、憲章（シャルト）を公布した。この憲章は、法の前の平等、所有権、出版の自由などフランス革命の社会的経済的成果をおおむね認めたものであった。復古王政が依拠しようとした社会層は、大地主を中心とした名望家層であり、レジオン・ドヌール勲章の維持や帝政貴族の爵位を認めるなど、大枠としては帝政がすすめた新旧名望家の融合政策を継承した。ナポレオンが整備した行財政、公教育制度も基本的に受け継がれてい

▼エルバ島　コルシカ島とイタリア半島の間に位置する小島。監獄であったセント・ヘレナ島とは違い、人口一万二〇〇〇人の、小さいとはいえ公国であり、ナポレオンは政府を組織し、宮廷では社交生活もいとなまれた。

▼ルイ十八世（一七五五〜一八二四、在位一八一四〜一五、一五〜二四）　ルイ十六世の弟。即位前はプロヴァンス伯と呼ばれる。一七九一年六月、国外脱出に成功。一七九五年にルイ十六世の息子が監獄で死去すると、ルイ十八世を名乗った。ブリュメールのクーデタ後、ナポレオンに書簡を送り、ブルボン王政復古への協力を打診したが、ナポレオンから拒絶されている。

ド・ラローシュ「フォンテーヌブローのナポレオン」（一八一四）　フォンテーヌブローで退位する数日前の疲れ切ったナポレオンが描かれている。

る。だが憲章は反革命の精神によって貫かれていた。とくに宗教政策面での復古性は顕著で、公認宗教の礼拝の自由は認められたものの、カトリックが国教の地位にもどり、王権神授説に立って国民主権が否定された。

　元亡命貴族のなかからは売却ずみの国有財産までも返還する声が強まり、国有財産取得者の不安を募らせた。そして翌一五年一月二十一日、数日前に掘り起こされたばかりのルイ十六世とマリー＝アントワネットの遺骸をサン・ドニ修道院に埋葬する贖罪の儀式がおこなわれた。このようにフランス全体が「革命の誤り」をつぐなうように促されたのである。

百日天下

　ブルジョワジーは急速に王政復古に失望していった。さらに兵士を大量に除隊させ、一四年十二月十六日の王令によって多くの士官を予備役にまわし、そのうえ俸給を半額にしたので、かつて帝政の支柱であった軍隊の不満を募らせた。こうしたなかでナポレオンは一五年二月二十六日エルバ島を脱出し、さしたる抵抗もうけずに三月二十日にパリに入城し、権力を掌握した。これがいわゆるナポレオンの百日天下の始まりである。

ナポレオンは権力の座に返り咲いてから、統領政府期に護民院でナポレオンを激しく批判した、自由派の思想家コンスタン▲に新しい憲法草案を起草させ、「帝国憲法付加法」として制定した。この新しい憲法は名望家の支持をえるために自由主義的な内容になっていた。人民投票にかけられたが、公式発表でも賛成一五〇万票にすぎず、国民の支持の見せかけもつくることができなかった。行政の圧力がこれまでとくらべて少なく、反対派が強かった西部などでは開票作業がおこなわれなかったところもあった。もっとも、実際の投票数は一三〇万で、投票率は二二%と見積もられているので、一七九九年の時とそれほど大きな違いはなかったともいえる。

国内以上に、ヨーロッパの国際秩序がナポレオンの権力復帰を容認しなかった。六月十八日、ワーテルローの戦い▲で連合軍に敗北し、ナポレオンの支配は「百日天下」に終わり、七月八日にふたたびルイ十八世がパリに帰還する(第二王政復古)。第一王政復古で失敗したルイ十八世をあやぶむ声が連合国のなかにも強くあったが、それをおしきって亡命先のベルギーのヘント(ガン)からパ

▼バンジャマン・コンスタン(一七六七〜一八三〇)　スイスのローザンヌ出身の作家。小説『アドルフ』は心理主義小説の先駆けとされる。統領政府期に護民院議員となり、野党のリーダー的存在であったが、一八〇二年一月に護民院から除名された。政府に反対する名士が集まるサロンの主宰者、スタール夫人の愛人でもあった。

▼ワーテルローの戦い　総勢一二万四〇〇〇名のフランス軍と、総勢二一万九〇〇〇名のイギリス・オランダ・プロイセン軍がベルギーの小村ワーテルローで戦った。ナポレオンの戦法は熟知されており、戦術面でも連合軍がまさっていた。

リにルイ十八世がふたたびもどることができたのは、ワーテルローの英雄、ウェリントン将軍▲の後押しが大きかった。フランス側ではタレーランとフーシェがウェリントンの意向を受けて第二王政復古の準備をおこなった。領土の三分の二が外国軍によってまだ占領されているなかで実施された八月末の代議院選挙で百日天下に加担した自由派は壊滅し、タレーラン内閣を批判するユルトラ▲（過激王党派）が大勝した。タレーランは九月末にルイ十八世によって更迭され、フーシェも失脚した。

ナポレオンは大西洋に浮かぶ英領の孤島、セント・ヘレナ島に流されることになった。だが、「百日天下」の時に採用された自由主義的ポーズは、ナポレオンにフランス革命原理の守護者としてのイメージを与え、ナポレオン神話の形成に一役買うことになる。

フランス革命・ナポレオン戦争終結後のヨーロッパの国際秩序を構築するために開かれたウィーン会議▲は、一八一五年六月九日、ワーテルローの戦いの九日前にウィーン議定書をまとめあげて終幕する。正統主義を基本方針としていたが、それでも革命以前とはヨーロッパは国境も、経済的社会的関係も大きく

▼ウェリントン将軍（一七六九〜一八五二）　一八〇八年以降、イベリア半島でイギリス軍の司令官としてフランス軍と戦った。第二王政復古の後も、一八一八年十月末まで占領軍総司令官として戦後処理にあたった。

▼ユルトラ（過激王党派）　カトリックにもとづき、貴族を頂点とした階層的社会への郷愁をいだいていた極右の党派。ルイ十八世が任命した内閣は生ぬるいとして野党にまわった。一八一六年に代議院は解散され、選挙でユルトラは敗北を喫した。

▼ウィーン会議（一八一四年九月〜一五年六月）　オスマン帝国を除く、すべてのヨーロッパ諸国が参加した。オーストリアの宰相、メッテルニヒが主宰。勢力均衡と正統主義を基本原則としていた。

変わっていた。神聖ローマ帝国は復活せず、ドイツではプロイセンとバイエルン、イタリアではピエモンテ＝サルデーニャが台頭し、ドイツとイタリアの統一が重要課題になってくる。他方では、ジュネーヴがスイス連邦に加わり、ポーランド国家復興の悲願は実現せず、かわってロシアがヨーロッパ国際政治の中心に躍り出ることになった。

近世国家の興隆は、戦争のために資源を最大限に投入する必要性と結びついている。軍備では遅れをとっていたフランスは革命期、ナポレオン時代に一気にヨーロッパ随一の動員力を誇るようになった。これに倣って、ヨーロッパ列強の軍隊もわずか三十年前には想像もできなかった規模に増強された。たとえば、イギリスは一八一三年には在郷軍、陸海軍あわせて、総計四八万五〇〇人と総人口の二・七％に達している。プロイセンは一八一三年に二七万九〇〇〇人と人口の五・六％を動員した。その規模は帝国主義の時代が始まる十九世紀末にならなければこえられない水準であった。ナポレオンの没落でいったん軍拡と戦争の時代は終わりを告げる。イギリスのヘゲモニーのもと、ウィーン会議では、とりあえずナショナリズムを封じ込めるかたちで、国際平和が再構築されることになった。

ナポレオン神話

凱旋門、大聖堂、サクレ・クール寺院と壮麗な建物にはことかかないパリの街であるが、ナポレオンが眠るアンヴァリッドの金色に光るドームは独特の威容を誇っている。まわりには軍事博物館、エコール・ミリテールなどがあり、一帯はあたかもフランス・ナショナリズムと軍国主義のメッカのごとくである。観光客もフランス共和国の偉人を祀ったパンテオンよりもアンヴァリッドのほうが圧倒的に多い。革命神話はナポレオン伝説の前では影が薄い。

たしかにナポレオンの彫像そのものは少ない。もっとも有名なのはパリのヴァンドーム広場にある円柱の上に立っているローマ風の衣装をまとった立像である。これはナポレオン自身が建てさせたものである。ナポレオンが建立させたモニュメントには、他にカルーゼル凱旋門、シャトレの泉、完成したのは七月王政期であるが、エトワール凱旋門がある。

パリの街路にはナポレオンとその時代に関係する地名が残っている。ナポレ

●—**エトワール凱旋門**　ナポレオンの遺骸帰還式典(一八四〇年)の模様。

●—**エトワール凱旋門浮き彫り**(コルト「一八一〇年のナポレオンの勝利」)。

●—**カルーゼル凱旋門**　凱旋門の除幕式は一八〇八年八月十五日におこなわれた。

●―**シャトレの泉**　一八〇六年に着工し、一八〇八年に完成。建設された当時の図版。ロディ、ピラミッド、マレンゴなどナポレオンの数々の戦勝を記念してシャトレ広場に建立されたモニュメント。円柱の頂上部には勝利の女神の像がおかれている。

●―**ヴァンドーム円柱の建立**　除幕式は一八一〇年八月十五日におこなわれた。

●―**アンヴァリッドのナポレオン墓所にあるナポレオンの棺**

オンは、革命家たちとは違い、熱心な改名者ではなかったが、それでも二五の戦闘と二〇人の将官の名前を街路につけている。現在でもリヴォリ、ユルム（ウルム）、ピラミッド、マレンゴ、オーステルリッツ（アウステルリッツ）、フリートラント、モンテベロ、エロー（アイラウ）といった戦場の名前やクレベール、ドゼーといった将軍の名前が街路に残っている。

文学・芸術のなかでもナポレオンは英雄として礼賛されてきた。バルザック、スタンダール、ユゴー、マルロー▲などフランスの文学者が心酔しただけではない。ハイネ、マンゾーニ、ニーチェなどナポレオンを礼賛している外国の文学者、思想家は少なくないし、トルストイ、ドストエフスキー、ハーディー、ショーなどもナポレオンとその伝説から霊感を受けている。映画では、映画の創始者リュミエール兄弟によって最初に映画化され（一八九七）、不朽の名作、アベル・ガンス監督作品の『ナポレオン』（一九二七）が生まれた。

二十一世紀になってもナポレオン神話は健在である。映画（邦題『ナポレオンの恋人』）やテレビの主人公となる一方では、ナポレオン毒殺説や、一八四〇年の遺骸の帰還の前に死骸が掘り返されていたという説など、歴史研究というよ

▼**アンドレ・マルロー**（一九〇一〜七六）　作家。代表作『王道』（一九三〇）『人間の条件』（一九三四）。ド・ゴール政権下で文化相を務めた。ナポレオン自身の文章、書簡類、布告などを適宜採録して『ナポレオン自伝』（一九三〇、邦訳二〇〇四、朝日新聞社）を編んでいる。

りは推理小説にちかいカッコ付きの「謎」が絶えない。

だが、フランスのみならず世界中でもナポレオンの人気が根強いのは、フランス革命という近代社会を産み落とした大激動のなかで登場し、革命後のフランスで権力を掌握したことが大きく影響している。西川長夫が指摘しているように、ナポレオン伝説は近代社会の誕生にかかわる伝説であった。伝説のなかで称えられるナポレオンの功績はそれをよく示している。フランス革命の諸原理の擁護、党派的利害をこえた国民の和解と統合、近代フランスの創設、軍事的栄光、ヨーロッパ統合の先駆、等々。功績はナポレオンが独り占めし、ミラボー、ダントン、ロベスピエールも、その前座をつとめたにすぎないかのようである。

神話化の歴史

伝説といっても古来の民間伝承とは違い、ナポレオン伝説は多分に人為的に創造されたものであった。プロパガンダの重要性を認識していたナポレオン自身の自己宣伝が伝説形成に大きな寄与をした。早くも一七九七年の第一次イタリア遠征の時に軍報をつうじて自己宣伝をおこなったが、これがナポレオン伝説の誕生の時だとされている。その後も新聞、教理問答、絵画をつうじて自己の神話化をおこなっていった。とくにダヴィド、グロ、アングル▲などの新古典主義の画家のはたした役割は大きい。ナポレオンが没落したあとも、新聞、雑誌、絵画、流行歌、等々の媒体をとおして伝説は広められた。またナポレオン伝説は帰郷した退役軍人などによって農民に伝えられた。ただし、こうした帝国陸軍の老兵士のイメージそれ自体、ベランジェ▲のシャンソンやシャルレ▲などの版画によって創造された面があるのはいなめない。退役した農民兵士の実際の生活はわずかな恩給で暮らさざるをえなかったため貧しく、伝説によって信じられているほどには政治的に活動していなかったし、兵士の息子たちは父親のナポレオン崇拝をかならずしも証言しているわけではない。

　ナポレオン伝説の歴史はナショナリズムの歴史でもある。一八一五年にナポレオンが没落すると兵士の命を容赦なく使い捨てる「人食い鬼」「悪魔」などと断罪する暗黒伝説が流行した。だが一八二一年、ナポレオンの死去を契機にナポレオンを礼賛する回想録、伝記が数多く出版され、ふたたびナポレオンを

▼ドミニク・アングル（一七八〇～一八六七）　新古典派の画家。代表作「玉座のナポレオン一世」（一八〇六）「グラン・オダリスク」（一八一四）、「トルコ風呂」（一八六二）など。

▼ピエール＝ジャン・ド・ベランジェ（一七八〇～一八五七）　フランスの詩人、シャンソン作者。王政復古期に政府を批判し、ナポレオンを崇拝するベランジェのシャンソンがパリでよく歌われた。

▼ニコラ＝トゥーサン・シャルレ（一七九二～一八四五）　画家、版画家。一八一七年にグロのアトリエに入り、弟子となる。リトグラフで数多くのナポレオン時代の戦争や軍人を描いた作品を制作。絵画では「ロシアからの退却」（一八三六）が有名。

礼賛する黄金伝説が支配的となっていった。たとえば、アルコレ橋の戦いで、ナポレオン自身が軍旗を片手に持って先頭に立って突進し、敵軍の発砲をものともせずに橋を渡りきったという、現在でも流布されている伝説が形成されたのは、この頃なのである。なかでも重要なのはナポレオンの口述筆記をラス・カーズがまとめた『セント・ヘレナ覚書』(一八二三)であろう。ヨーロッパ統一の先駆者であるとか、イタリア統一をめざしていたなどという、現在では否定されている説の淵源をたどれば、この『覚書』に行きつく。ナポレオンは自由主義とナショナリズムを一身に体現する英雄となった。ナポレオンが死んだ時、息子は一〇歳にすぎず、しかもオーストリア宮廷にとどめおかれていた。自由派にとって皇帝はもはや影にすぎず、たとえ政治的に利用しても無害であると思われたのだ。

一八三〇年の七月革命で成立する七月王政▲もナポレオン崇拝の発展を利用しようとした。一八三三年七月二十八日、ヴァンドームの円柱の頂に皇帝の銅像が蘇り、一八三六年にエトワール凱旋門が完成している。そして一八四〇年十二月には遺骸がセント・ヘレナ島から返還され、傷痍軍人収容施設アンヴァリ

▼**七月王政**(一八三〇〜四八) 一八三〇年七月二七〜二九日のパリ民衆蜂起によって王政復古の政府が打倒された(七月革命)のちに成立。ルイ=フィリップが国王。三色旗が国旗にふたたびなるなどフランス革命の原理に立ちもどったが、有権者は富裕なブルジョワにかぎられていた。一八四八年の二月革命によって崩壊。

ッドに安置された。こうしたナポレオン伝説の高揚をうまく利用し帝政を復活させたのが甥のルイ＝ナポレオンである。一八四八年の二月革命で七月王政が倒れ、第二共和政が成立するが、十二月の大統領選で勝利したのは、皇帝の甥として知名度は抜群であったが、さしたる組織も地盤もなかったルイ＝ナポレオンであった。大統領は一八五一年十二月二日、すなわち伯父の戴冠式の記念日にクーデタをおこない、さらに翌年十二月二日にナポレオン三世として即位している。

ところが、第二帝政下で皮肉なことにナポレオン伝説は衰退した。クーデタによって自由派の政治家やユゴーなどの文学者の信用を失っただけではなかった。ナポレオン三世自身もあまり熱心ではなかった。伯父を顕彰すると自分の影が薄くなるのを恐れたのではないかといわれている。一八六九年八月十五日のナポレオン生誕百周年記念日も、ナポレオン三世は出席をキャンセルし、皇太子が出席しただけであった。第二帝政の没落後も、ナポレオン一世は三世の治世と結びつけて考えられたため評判はよくなかった。ナポレオン伝説がふたたびよみがえるのは一八八〇年代末以降、対独復讐熱が高揚する時期である。

ナショナリスト右翼の論客バレスは熱狂的なナポレオン崇拝者であったことが知られている。また右翼がナポレオンを礼賛したのは共和派がおこなったフランス革命百周年の祝賀行事への対抗の意味もあったという。そして、第一次世界大戦によるナショナリズムの高揚がまだ冷めやらぬ一九二一年五月五日に、ナポレオン没後百周年記念の祝賀行事が盛大にいとなまれた。これはナポレオンの遺骸帰還以来はじめておこなわれたナポレオンを称える公式記念行事であった。

ナポレオン伝説は一九六〇年以降、新しい局面を迎える。ド・ゴール▲派はナポレオンに大変好意的であり、ド・ゴールとナポレオン王子の関係は友好関係にあった。こうしてフォンテーヌブロー宮でのナポレオンの展示室の設置やマルメゾン館、コンピェーニュ宮殿の修復がおこなわれている。一九六九年にはナポレオン生誕二百年の式典があり、ポンピドゥー▲大統領が演説をおこなっている。その演説でポンピドゥーはナポレオンが作った制度が近代フランスを創出し、彼が和解と統一の事業を遂行し、国民国家の出現を準備することでヨーロッパの未来を先取りしたのだと述べている。

▼シャルル・ド・ゴール（一八九〇〜一九七〇）　サン＝シール陸軍士官学校卒。フランス臨時政府首班（一九四四〜四六）、第四共和政首相（一九五八）、第五共和政初代大統領（一九五八〜六九）。

▼ジョルジュ・ポンピドゥー（一九一一〜一九七四）　高等師範学校卒。ドゴール大統領のもとで首相を務めたのち、第五共和政の二代目の大統領（一九六九〜七四）となった。

無謀とも思えるナポレオンの対外政策には批判的な歴史家も、創設された諸制度には一様に肯定的な評価を与えている。ナポレオンが創設した制度のなかで、会計院、県庁、破棄院、国務院、視学総監、レジオン・ドヌール勲章、フランス銀行など、今日なお残っているものも少なくない。国務院は十九世紀にロシア、プロイセン、オランダ、ヴュルテンベルク、バイエルン、ポルトガル、スペイン、イタリア、オスマン帝国で模倣された。自由権の制限などいろいろな問題はあったが、統領政府は法制度を整備し、近代フランスの骨格をつくったのであり、帝政期も末期を除いて、クーデタを繰り返した総裁政府よりもよほど合法性に気を配っていた。そのため、最後の啓蒙専制君主と呼ばれることもあるし、現在のナポレオン研究をリードしている歴史家のなかには、強権支配、あるいは権威主義という用語を用いて独裁という言葉を避けている研究者もいる。

二〇世紀末から、ナポレオン時代に関連する二百周年の記念行事やシンポジウムが続いていたが、二〇二一年の没後二百周年を最後に、コメモラシオン（祝賀）はいったん終了したようにみえる。だが、ナポレオンへの関心は衰えず、その後も関連文献の出版が続いている。ナポレオンは国民国家と近代ヨーロッパの二つの創世神話の中心に座る神話的人物である。多大な犠牲を強いられたはずのドイツやイタリアでも、ナショナリストによって援用され、ポーランド国歌の歌詞には「ボナパルト」が登場し、イタリア遠征に加わった将軍が祖国の英雄として称えられている。その一方で、スペインではナポレオンは今も憎まれている。見方によって、あるいは見る人によって、今なおナポレオンは「半神」にも「人食い鬼」にも見えるのである。

ナポレオンとその時代

西暦	齢	おもな事項
1769		*8-15* コルシカ島のアジャクシオに生まれる
1779	9	*5-15* ブリエンヌ兵学校に入学
1784	15	*10* パリ士官学校に入学
1785	16	*11-3* ヴァランスのラ・フェール砲兵連隊に着任
1789	20	*7-14* パリ民衆によってバスチーユ監獄が攻略される
1792	22	8月10日の革命
1793	23	5月31日と6月2日の革命によってジロンド派が追放される
		6-13 家族とともにトゥーロンに到着
	24	*12-18* トゥーロン港からイギリス軍が撤退。*12-22* 准将に昇進。
1794		*7-27* テルミドール9日のクーデタ
1795	25	*10-5* ヴァンデミエールの王党派の蜂起
1796		*3-2* イタリア方面軍司令官に任命される。*3-9* ジョゼフィーヌと結婚。
	28	*10-17* カンポ＝フォルミオ条約
1798		*7-2* エジプト遠征軍，アレクサンドリアを奪取
1799	30	*11-9* ブリュメールのクーデタ。*12-15* 共和国第8年憲法。ナポレオンは第一統領に
1800		*2-13* フランス銀行設立。*2-17* 県知事設置。*6-14* マレンゴの戦い
	31	*12-24* サン＝ニケーズ街の暗殺未遂事件
1801		*2-9* リュネヴィルの和約。*7-15* コンコルダ(政教協約)の締結
1802	32	*3-25* アミアンの和約。*5-19* レジオン・ドヌール勲章。*5-20* 植民地における奴隷制の復活
		8-2 人民投票によって，終身統領になる。*8-4* 共和国第10年憲法
1804	34	*1* ハイチ独立
		3-21 フランス民法典(ナポレオン法典)の公布。アンギャン公処刑
		5-18 元老院決議によって，皇帝になる
	35	*12-2* パリのノートルダム大聖堂で戴冠式
1805	36	*10-21* トラファルガー沖の海戦。*12-2* アウステルリッツの戦い
1806		*5-10* 帝国ユニヴェルシテ(大学)の創設。*6-5* 弟ルイがオランダ王に。
		7-12 ライン連邦結成
	37	*10-14* イエナ，アウエルシュテットの戦い。*11-21* ベルリン勅令，大陸封鎖の開始
1807		*7-7, 9* ティルジットの和約
	38	*8-19* 護民院の廃止
1808		*3-1* 帝政貴族の創設。*5-2* マドリードで民衆蜂起
1810	40	*4-2* チュイルリ宮でマリー＝ルイーズと結婚式。*7-9* オランダ併合
1812	42	*6-24* ロシア遠征軍，ニエメン川を渡り，ロシア領に入る
1813	44	*10-16* ～ *19* ライプチヒの戦い
1814		*4-6* ナポレオン、無条件で退位。*6-4* ルイ18世，シャルト(憲章)を公布
	45	*9* ウィーン会議始まる(～1815.6)
1815		*3-20* エルバ島を脱出したナポレオン，パリに到着。*6-18* ワーテルローの戦い
1821	51	*5-5* セント＝ヘレナ島で死去
1840		*12-15* パリでナポレオンの遺骸帰還式典

参考文献

石井三記編『コード・シヴィルの200年――法制史と民法からのまなざし』創文社，2007年
岡本明『ナポレオン体制への道』ミネルヴァ書房，1992年
ジェフリー・エリス（杉本淑彦・中山俊訳）『ナポレオン帝国』岩波書店，2008年
オクターヴ・オブリ編（大塚幸男訳）『ナポレオン言行録』岩波書店，1983年
柴田三千雄他編『世界歴史大系 フランス史2 ―― 16世紀～19世紀半ば』山川出版社，1996年
杉本淑彦『ナポレオン伝説とパリ』山川出版社，2002年
杉本淑彦『ナポレオン――最後の専制君主，最初の近代政治家』岩波新書，2018年
鈴木杜幾子『ナポレオン伝説の形成――フランス一九世紀美術のもう一つの顔』筑摩書房，1994年
谷川稔・北原敦・鈴木健夫・村岡健二『世界の歴史22 近代ヨーロッパの情熱と苦悩』中央公論社，1999年
谷口健治『バイエルン王国の誕生――ドイツにおける近代国家の形成』山川出版社，2003年
ロジエ・デュフレス（安達正勝訳）『ナポレオンの生涯』白水社，2004年
西川長夫『フランスの近代とボナパルティズム』岩波書店，1984年
服部春彦『経済史上のフランス革命・ナポレオン時代』多賀出版，2009年
服部春彦『文化財の併合――フランス革命とナポレオン』知泉書館，2015年
浜忠雄『ハイチ革命とフランス革命』北海道大学図書刊行会，1998年
松嶌明男『礼拝の自由とナポレオン――公認宗教体制の成立』山川出版社，2010年
松嶌明男『図説ナポレオン　政治と戦争――フランスの独裁者が描いた軌跡』河出書房新社，2016年
ティエリー・レンツ（福井憲彦監修，遠藤ゆかり訳）『ナポレオンの生涯――ヨーロッパをわが手に』創元社，1999年
Boudon, Jacques-Olivier, *Histoire du Consulat et de l'Empire*, Paris, Perrin, 2000.
Boudon, Jacques-Olivier, *Napoléon Ier et son temps*, Paris, Vuibert, 2004.
Boudon, Jacques-Olivier, *L'époque de Bonaparte*, Paris, PUF, 2009.
Las-Cases, Emmanuel de, *Le Mémorial de Saint-Hélène*, première éd. 1823, Paris, Seuil, 1968.（小宮正弘編訳『セントヘレナ覚書』潮出版社，2006年，ただし抄訳）
Lentz, Thierry, *Le Grand Consulat*, Paris, Fayard, 1999.
Lentz,Thierry, *Napoléon*, Que sais-je? Paris, PUF, 2003.
Lentz, Thierry, *Nouvelle histoire du premier Empire*, 4 tomes, Paris, Fayard, 2002-10.
Lovie, André et André Palluel-Guillard, *L'épisode napoléonienne*, t.2 : *Aspects extérieurs, 1799-1815*, Paris, Seuil, 1972.
Paoli, François, *La jeunesse de Napoléon*, Paris, Tallandier, 2005.
Petiteau, Nathalie, *Napoléon, de la mythologie à l'histoire*, Paris, Seuil, 2004.
Rowe, Michael（ed.）, *Collaboration and Resistance in Napoleonic Europe:State-formation in an Age of Upheaval, c.1800-1815*, New York, Palgrave Macmillan, 2003.
Tulard, Jean, *Napoléon ou le mythe du sauveur*, Paris, Fayard, 1987.
Tulard, Jean（dir.）, *Dictionnaire Napoléon*, Paris, Fayard, 1988.

図版出典一覧

Napoléon Bonaparte, *Correspondance générale, t.1: Les apprentissages 1784-1794,* Paris, 2004. *3*

Dimitri Casali (sous la dir. de), *Napoléon Bonaparte,* Larousse, Paris, 2004. *9*下, *19*上, *23, 29, 37, 46, 48*右, *49*上, *81, 86*中

Michel Marmin, *Napoléon : au-de là de la Légende,* Paris, Éditions Chronique, 2011. 扉, *19*下, *87*下

Jean Tulard, *Napoléon ou le mythe du sauveur,* Paris, Fayard, 1977, 1987. *75*

Jean Tulard, Gérard Gengembre, Adrien Goetz, Thierry Lentz, *L'ABCdaire de Napoléon et de l'Empire,* Paris, Flammarion, 1998. *86*下

Le Grand atlas Napoléon, Issy-les-Moulineaux, 2002. *9*上, *86*上, *87*中

Napoléon et l'Europe. catalogue édité sous la direction de Émile Robbe et François Lagrange, Paris, Somology, 2013. *45, 49*下, *53*

PPS通信社 カバー表, 裏, *87*上

上垣豊（うえがき　ゆたか）
1955年生まれ
京都大学大学院文学研究科博士課程修了，博士（文学）
専攻，フランス近代史
現在，龍谷大学法学部教授

主要著書

『世界歴史大系 フランス史 2――16 世紀～ 19 世紀半ば』（共著，山川出版社 1996）
『フランス史からの問い』（共著，山川出版社 2000）
『大学で学ぶ西洋史［近現代］』（共編著，ミネルヴァ書房 2011）
『規律と教養のフランス近代――教育史から読み直す』（ミネルヴァ書房 2016）

世界史リブレット人62

ナポレオン

英雄《えいゆう》か独裁者《どくさいしゃ》か

2013年10月25日　1版1刷発行
2023年11月30日　1版4刷発行

著者：上垣《うえがき》　豊《ゆたか》

発行者：野澤武史

装幀者：菊地信義

発行所：株式会社 山川出版社

〒101-0047　東京都千代田区内神田1-13-13
電話　03-3293-8131（営業）8134（編集）
https://www.yamakawa.co.jp/
振替　00120-9-43993

印刷所：株式会社 明祥

製本所：株式会社 ブロケード

 ISBN978-4-634-35062-5

世界史リブレット 人

1 ハンムラビ王——中田一郎
2 ラメセス2世——高宮いづみ・河合 望
3 ネブカドネザル2世——山田重郎
4 ペリクレス——前沢伸行
5 アレクサンドロス大王——澤田典子
6 古代ギリシアの思想家たち——髙畠純夫
7 カエサル——毛利 晶
8 ユリアヌス——南川高志
9 ユスティニアヌス大帝——大月康弘
10 孔子——高木智見
11 商鞅——太田幸男
12 武帝——冨田健之
13 光武帝——小嶋茂稔
14 冒頓単于——沢田 勲
15 曹操——石井 仁
16 孝文帝——佐川英治
17 柳宗元——戸崎哲彦
18 安禄山——森部 豊
19 アリー——森本一夫
20 マンスール——高野太輔
21 アブド・アッラフマーン1世——佐藤健太郎
22 ニザーム・アルムルク——井谷鋼造
23 ラシード・アッディーン——渡部良子
24 サラディン——松田俊道
25 ガザーリー——青柳かおる
26 イブン・ハルドゥーン——吉村武典
27 レオ・アフリカヌス——堀井 優
28 イブン・ジュバイルとイブン・バットゥータ——家島彦一
29 カール大帝——佐藤彰一
30 ノルマンディー公ウィリアム——有光秀行
31 ウルバヌス2世と十字軍——池谷文夫
32 ジャンヌ・ダルクと百年戦争——加藤 玄
33 王安石——小林義廣
34 クビライ・カン——堤 一昭
35 マルコ・ポーロ——海老澤哲雄
36 ティムール——久保一之
37 李成桂——桑野栄治
38 永楽帝——荷見守義
39 アルタン——井上 治
40 ホンタイジ——楠木賢道
41 李自成——佐藤文俊
42 鄭成功——奈良修一
43 康熙帝——岸本美緒
44 スレイマン1世——林佳世子
45 アッバース1世——前田弘毅
46 バーブル——間野英二
47 大航海時代の群像——合田昌史
48 コルテスとピサロ——安村直己
49 マキァヴェッリ——北田葉子
50 ルター——森田安一
51 エリザベス女王——青木道彦
52 フェリペ2世——立石博高
53 クロムウェル——小泉 徹
54 ルイ14世とリシュリュー——林田伸一
55 フリードリヒ大王——屋敷二郎
56 マリア・テレジアとヨーゼフ2世——稲野 強
57 ピョートル大帝——土肥恒之
58 コシューシコ——小山 哲
59 ワットとスティーヴンソン——大野 誠
60 ワシントン——中野勝郎
61 ロベスピエール——松浦義弘
62 ナポレオン——上垣 豊
63 ヴィクトリア女王、ディズレーリ、グラッドストン——勝田俊輔
64 ガリバルディ——北村暁夫
65 ビスマルク——大内宏一
66 リンカン——岡山 裕
67 ムハンマド・アリー——加藤 博
68 ラッフルズ——坪井祐司
69 チュラロンコン——小泉順子
70 魏源と林則徐——大谷敏夫
71 曾国藩——清水 稔
72 金玉均——原田 環
73 レーニン——和田春樹
74 ウィルソン——長沼秀世
75 ビリャとサパタ——国本伊代
76 西太后——深澤秀男
77 梁啓超——高柳信夫
78 袁世凱——田中比呂志
79 宋慶齢——石川照子
80 近代中央アジアの群像——小松久男
81 ファン・ボイ・チャウ——今井昭夫
82 ホセ・リサール——池端雪浦
83 アフガーニー——小杉 泰
84 ムハンマド・アブドゥフ——松本 弘
85 イブン・アブドゥル・ワッハーブとイブン・サウード——保坂修司
86 ケマル・アタテュルク——設樂國廣
87 ローザ・ルクセンブルク——姫岡とし子
88 ムッソリーニ——高橋 進
89 スターリン——中嶋 毅
90 陳独秀——長堀祐造
91 ガンディー——井坂理穂
92 スカルノ——鈴木恒之
93 フランクリン・ローズヴェルト——久保文明
94 汪兆銘——劉 傑
95 ヒトラー——木村靖二
96 ド・ゴール——渡辺和行
97 チャーチル——木畑洋一
98 ナセル——池田美佐子
99 ンクルマ——砂野幸稔
100 ホメイニー——富田健次

〈シロヌキ数字は既刊〉